Eckpunkte für gutes Verwaltungs- und Regierungshandeln

GRUNDLEGENDE MERKMALE GUT FUNKTIONIERENDER VERWALTUNGEN UND REGIERUNGEN

Bitte zitieren Sie diese Publikation wie folgt:
OECD (2021), *Eckpunkte für gutes Verwaltungs- und Regierungshandeln: Grundlegende Merkmale gut funktionierender Verwaltungen und Regierungen*, OECD Publishing, Paris, *https://doi.org/10.1787/af85ee61-de*.

ISBN 978-92-64-66383-1 (Print)
ISBN 978-92-64-50423-3 (PDF)

Originaltitel: *Policy Framework on Sound Public Governance*
Übersetzung durch den Deutschen Übersetzungsdienst der OECD.

Foto(s): Titelbild: © Roxana Glavanov unter Verwendung von Shutterstock.

Korrigenda zu Veröffentlichungen sind verfügbar unter: *www.oecd.org/about/publishing/corrigenda.htm*.

Vorwort

Regierungen und Verwaltungen sind zunehmend mit mehrdimensionalen Herausforderungen in Verbindung mit sinkenden öffentlichen Mitteln und geringem Vertrauen in den Staat konfrontiert. Die Finanzkrise von 2008 und jüngst die COVID-19-Pandemie zeigen dies in aller Deutlichkeit. Die herkömmlichen analytischen Instrumente und Ansätze erfüllen in der gegenwärtigen Situation ihren Zweck nicht mehr. Klassische Governance-Probleme, die häufig auf eine unzureichende Konzeption bzw. schlechte Führung der Institutionen zurückzuführen sind, machen es noch wichtiger, sich an die raschen politischen und technologischen Entwicklungen anzupassen. Die Herausforderungen unserer Zeit verlangen daher nach einem ressortübergreifenden, integrierten und innovativen Governance-Ansatz. Mehr denn je benötigen die Regierungen und die Bürger*innen öffentliche Institutionen, die in der Lage sind, schwierige Politikfragen zu antizipieren und auf kohärente und effiziente Weise im öffentlichen Interesse zu beantworten. Die OECD bemüht sich darum, die diesbezüglichen Anstrengungen durch die Bereitstellung von Evidenz und Rechtsinstrumenten zu unterstützen, die die Grundsätze und empfehlenswerten Vorgehensweisen in wichtigen Themenbereichen der öffentlichen Governance fördern.

In den *Eckpunkten für gutes Verwaltungs- und Regierungshandeln* werden die bereits vorhandenen OECD-Rechtsstandards im Bereich öffentliche Governance und die im Lauf der vergangenen zehn Jahre gewonnenen Erkenntnisse miteinander verzahnt und die grundlegenden Merkmale gut funktionierender Verwaltungen zusammengefasst. Jeder Staat hat einzigartige Stärken und Verbesserungspotenziale. Diese Eckpunkte liefern staatlichen Stellen eine integrierte Eingangsdiagnose, einen Leitfaden und ein Benchmarkinginstrument, um Governance-Reformen zu konzipieren und umzusetzen. Sie beruhen auf einem breit angelegten Konsultationsverfahren mit OECD-Mitgliedsländern, internationalen Organisationen, Organisationen der Zivilgesellschaft und der Öffentlichkeit.

In diesem Eckpunktepapier wird postuliert, dass effektive demokratische Institutionen den Kern pluralistischer Demokratien bilden und nicht nur für Reformen unerlässlich sind, sondern vor allem auch für die Beteiligung der Bürger*innen an offenen, gerechten, inklusiven sowie gemeinwohlorientierten Entscheidungsprozessen, die letztlich dem Wohlergehen und Wohlstand aller dienen. Nach der in diesem Dokument enthaltenen Definition ist gutes Verwaltungs- und Regierungshandeln eine Kombination aus drei miteinander verbundenen und stark in Wechselwirkung stehenden Elementen: Werte, Erfolgsfaktoren und eingesetzte Instrumente. In dem Eckpunktepapier geht es zunächst um die zentralen Werte für das Verwaltungs- und Regierungshandeln, auf deren Grundlage die Staaten ihre Aufgaben festlegen und priorisieren, Politikentscheidungen treffen und ihre Beziehungen mit den betroffenen Akteuren strukturieren. Danach werden die Erfolgsfaktoren aufgezeigt, die die staatlichen Stellen dabei unterstützen, effektive und ausgewogene Entscheidungen zu treffen und entsprechende Reformen durchzuführen. Und schließlich bezieht sich gutes Verwaltungs- und Regierungshandeln auch direkt auf die Art und Weise, wie Reformen und Maßnahmen formuliert, umgesetzt, kommuniziert und evaluiert werden. Daher werden hier auch die Politik- und Managementinstrumente beschrieben, die staatliche Stellen in den verschiedenen Phasen des Politikzyklus einsetzen, um diese Kernkomponenten der Politikgestaltung zu prägen.

Mit diesem Eckpunktepapier liefert die OECD den Staaten einen Leitfaden, der sie dabei unterstützen soll, ihre wichtigsten institutionellen Strukturen und Entscheidungsprozesse im aktuellen Politikumfeld so zu gestalten, dass bessere Ergebnisse für die Menschen erzielt werden können.

Dank

Die *Eckpunkte für gutes Verwaltungs- und Regierungshandeln* wurden von einem Team unter der Leitung von Adam Knelman Ostry, Projektmanager und Leiter des Referats Öffentliche Governance-Prüfungen in der Abteilung Governance-Prüfungen und Partnerschaften (GRP) der Direktion Öffentliche Governance (GOV) der OECD, ausgearbeitet. Die Federführung hatte Martin Forst, Leiter der Abteilung GRP und Janos Bertok, geschäftsführender Direktor der Direktion GOV. Adam K. Ostry gab den Koordinatoren und Hauptautoren des Eckpunktepapiers, Iván Stola und Johannes Klein, sowie der Forscherin Emma Phillips strategische Orientierung an die Hand. Hinweise für die Kommunikation lieferten Roxana Glavanov, Amelia Godber und Justin Kavanagh. Redaktionelle Unterstützung kam von Patricia Marcelino, Hilfe bei der Fertigstellung von Raquel Paramo. Caroline Varley begann 2013 mit der Analyse der Lehren, die aus den OECD Public Governance Reviews aus zehn Jahren gezogen wurden. Darauf basiert ein Großteil der Erkenntnisse des Eckpunktepapiers. Rolf Alter, bis 2017 Direktor der Direktion GOV, übernahm die anfängliche strategische Leitung für diese Arbeit.

Dieser Bericht ist eine Gemeinschaftsarbeit mit Beiträgen aus der gesamten Direktion Öffentliche Governance, u. a. von Daniel Acquah, Moritz Ader, Julio Bacio Terracino, Karine Badr, Alessandro Bellantoni, Pauline Bertrand, Eva Beuselinck, Emma Cantera, Marco Daglio, Andrew Davies, Ebba Dohlman, Sara Fyson, Daniel Gerson, David Goessmann, Pinar Guven, Stephane Jacobzone, Céline Kauffmann, Edwin Lau, Chloé Lelievre, Carina Lindberg, Craig Matasick, Cristina Mendes, Carissa Munro, Mariana Prats, Alex Roberts, Ana Maria Ruiz Rivadaneira, Claire Salama, Ernesto Soria Morales, Tatyana Teplova, Daniel Trnka, Bagrat Tunyan, Barbara Ubaldi, Peter Vagy und Martyna Wanat.

Die Direktion Öffentliche Governance möchte dem Vorsitzenden des OECD-Ausschusses für Öffentliche Governance, Dustin Brown (Office of Management and Budget, Regierung der Vereinigten Staaten von Amerika), für seine richtungsweisenden Anregungen während der Erarbeitung des Eckpunktepapiers danken. Zudem möchte die Direktion wichtigen internationalen Organisationen, den Regierungen der Mitglieds- und Partnerländer sowie der interessierten Öffentlichkeit für die Beiträge zu den einzelnen Entwürfen des Eckpunktepapiers ihren Dank aussprechen. Der besondere Dank der Direktion gilt Australien, Belgien, Brasilien, Chile, Dänemark, Deutschland, Estland, Frankreich, Irland, Italien, Japan, Kanada, Lettland, Luxemburg, Norwegen, Polen, Portugal, Schweden, der Slowakischen Republik und der Tschechischen Republik für ihre Kommentare und die zur Verfügung gestellten Praxisbeispiele. Ferner dankt die Direktion dem Committee of Experts on Public Administration (CEPA) der Vereinten Nationen, dem Dienst zur Unterstützung von Strukturreformen (SRSP) der Europäischen Kommission, der Generaldirektion Nachbarschaftspolitik und Erweiterungsverhandlungen (DG NEAR) der Europäischen Kommission, der Generaldirektion Humanressourcen und Sicherheit (DG HR) der Europäischen Kommission, der Generaldirektion Haushalt (DG BUDG) der Europäischen Kommission, der National Academy of Public Administration (NAPA, USA), der Development Bank of Latin Amerika (CAF), der Asian Development Bank (ADB) und Nichtregierungsorganisationen wie Transparency International (TI), dem European Policy Centre (EPC) und dem Centro Latinoamericano de Administración para el Desarrollo (CLAD) für ihre Beiträge.

Inhaltsverzeichnis

Abbildungen

Kästen

Folgen Sie OECD-Veröffentlichungen auf:

http://twitter.com/OECD_Pubs

http://www.facebook.com/OECDPublications

http://www.linkedin.com/groups/OECD-Publications-4645871

http://www.youtube.com/oecdilibrary

http://www.oecd.org/oecddirect/

Zusammenfassung

Der Bericht *Eckpunkte für gutes Verwaltungs- und Regierungshandeln* setzt sich aus zwei Teilen zusammen:

- Teil I: Werte und Erfolgsfaktoren für gutes Verwaltungs- und Regierungshandeln
- Teil II: Gutes Verwaltungs- und Regierungshandeln im Hinblick auf Politikformulierung, -umsetzung und -evaluierung

Teil I: Werte und Erfolgsfaktoren für gutes Verwaltungs- und Regierungshandeln

Im ersten Teil dieses Berichts wird auf die Bedeutung zentraler Governance-Werte eingegangen und darauf, wie staatliche Stellen mit diesen Werten ihr Binnenverhältnis und ihre Beziehungen mit externen Beteiligten sowie mit den Bürger*innen besser strukturieren können. Weiterhin bietet der Bericht einen Überblick über die Faktoren, die ein gutes Verwaltungs- und Regierungshandeln begünstigen und auf die sich Bemühungen um eine effektive und ausgewogene Entscheidungsfindung sowie erfolgreiche Reformen stützen können.

Werte für gutes Verwaltungs- und Regierungshandeln

Ziel von Verwaltungs- und Regierungshandeln ist es, den Bedürfnissen der Menschen gerecht zu werden und ihre Lebensbedingungen zu verbessern. Um dies zu erreichen, schlägt die OECD vor, eine wertebasierte Kultur des Verwaltungs- und Regierungshandelns zu schaffen. Der Bericht stellt zwar fest, dass Governance-Werte von den spezifischen kulturellen Traditionen eines Landes geprägt sind, hebt aber grundlegende Praktiken in den OECD-Ländern hervor, die eine neue Governance-Kultur fördern und die öffentliche Entscheidungsfindung auf das Gemeinwohl ausrichten können. Die Aufmerksamkeit der OECD richtet sich insbesondere auf folgende Aspekte:

- die *Integrität des öffentlichen Sektors* als entscheidende Komponente, um Korruption zu verhindern, die demokratischen Institutionen zu schützen und den Rechtsstaat zu bewahren
- eine *Politik der Offenheit und Transparenz* als Schlüsselelement für den Aufbau von Rechenschaft und Vertrauen. Dazu gehören der Zugang zu öffentlichen Informationen, die proaktive Offenlegung von Informationen und Daten und ein strategischer Kommunikationsansatz.
- *Teilhabe, Beteiligung, Geschlechtergleichstellung und Vielfalt*, die die Demokratie stärken und zur Stärkung marginalisierter, benachteiligter und/oder schutzbedürftiger Gruppen beitragen
- *Rechenschaftspflicht und Rechtsstaatlichkeit*, die zur Effizienz und Wirksamkeit staatlicher Stellen und öffentlicher Institutionen beitragen und das Vertrauen der Bürger*innen stärken. Dies schließt ein effektives und effizientes Justizsystem ein.

Erfolgsfaktoren für gutes Verwaltungs- und Regierungshandeln

Die Arbeiten der OECD zur öffentlichen Governance haben gezeigt, dass es Entscheidungsträger*innen schwerfällt, eine Argumentationskette aufzubauen, um betroffene Akteure bei umfassenden Reformen mitzunehmen, da diese häufig als Instrument zur Kostensenkung und nicht als Mittel zur Lösung politischer Herausforderungen betrachtet werden.

Trotz sektorspezifischer Unterschiede verweisen die vorhandenen OECD-Empfehlungen des Rats im Bereich Verwaltungs- und Regierungshandeln auf gemeinsame grundlegende Erfolgsfaktoren, die zu einer besseren Gestaltung und Umsetzung von Reformen auf allen Verwaltungsebenen beitragen können.

- *Engagement, Weitsicht und Führungskultur* sowohl in der Politik als auch in der Verwaltung zur Sicherstellung der Nachhaltigkeit der Reformen im gesamten öffentlichen Sektor
- *gerechte und evidenzbasierte Politikgestaltung* zur Verhinderung unausgewogener, interessengeleiteter Einflussnahme bei gleichzeitiger Stärkung guten Verwaltungs- und Regierungshandelns durch evidenzbasierte Entscheidungsprozesse
- *ressortübergreifende Koordinierung*, insbesondere, jedoch nicht ausschließlich geleitet durch das *Regierungszentrum* zur Sicherstellung eines kohärenten, integrierten Ansatzes zur Lösung vielschichtiger Herausforderungen
- *Innovation und Changemanagement* zur Einbindung und Umsetzung neuer Ideen durch die Stärkung der strategischen Flexibilität und Zukunftsorientierung des Staats bei gleichzeitiger Befähigung, die Gesellschaft beim Übergang in eine bessere Zukunft zu unterstützen

Teil II: Gutes Verwaltungs- und Regierungshandeln im Hinblick auf Politikformulierung, -umsetzung und -evaluierung

Öffentliche Governance bezieht sich auch auf die Art und Weise, wie staatliche Politik formuliert, umgesetzt, kommuniziert und evaluiert wird. Der zweite Teil des Berichts zeigt, wie staatliche Stellen ihr Handeln in den verschiedenen Stadien des Politikzyklus durch die strategische Nutzung von Politik- und Managementinstrumenten gestalten können.

Gute Politikformulierung und -gestaltung

Auch wenn Politikgestaltung kein linearer Prozess ist, liefert der Bericht dennoch einen Leitfaden zur Nutzung von Politik- und Managementinstrumenten, die Entscheidungsträger*innen dabei unterstützen können, Handlungsoptionen festzulegen, sobald eine Herausforderung erkannt, definiert und formuliert wurde.

Die Befunde lassen darauf schließen, dass einige **Managementinstrumente** die Qualität der Politikformulierung und -gestaltung verbessern können, wobei der Bericht die Bedeutung der folgenden hervorhebt:

- *strategische Planung* zur Umsetzung politischer Zusagen und Ziele in Strategien und Aktionspläne
- *Politikgestaltungskompetenzen*, die klassische Fähigkeiten mit neuen Kompetenzen im Bereich der digitalen, offenen und innovativen Verwaltung kombinieren
- *digitale Fähigkeiten* zur Befähigung zur Zusammenarbeit und zur Stärkung von Transparenz
- *Nutzung von Daten* als Grundlage für die Politikgestaltung und um gesellschaftliche Bedarfe zu erkennen oder zu antizipieren

In der Regel stehen staatlichen Stellen im Wesentlichen drei **Instrumente** zur Verfügung, um ihre Ziele zu erreichen, nämlich Ausgaben, Besteuerung und Regulierung. Außerdem bieten digitale Instrumente und das öffentliche Beschaffungswesen äußerst wirkungsvolle Mittel, damit Maßnahmen Wirkung entfalten. In dem entsprechenden Kapitel geht es um folgende Faktoren und ihre Bedeutung:

- *Regulierungspolitik und Governance* sollen sicherstellen, dass Regulierungsmaßnahmen dazu geeignet sind, so effizient wie möglich die angestrebten Ziele zu erreichen und neue Herausforderungen zu bewältigen.
- *Governance im Bereich Haushaltsführung* soll Zusagen der Politik in Entscheidungen überführen, die festlegen, welche Maßnahmen finanziert und wie die entsprechenden Ressourcen generiert werden.

Solide Politikumsetzung

Dieser Bericht untersucht die wesentlichen Parameter einer erfolgreichen **Maßnahmenimplementierung** und unterstreicht dabei die Bedeutung folgender Faktoren:

- die Stärkung der *Fähigkeiten und Kompetenzen der öffentlich Bediensteten*
- die Stärkung der *Strategien zur Digitalisierung der öffentlichen Verwaltung* mit dem Ziel, eine strategischere Nutzung von Verwaltungsdaten zu ermöglichen
- ein gut konzipiertes *öffentliches Beschaffungswesen*, in dessen Rahmen öffentliche Aufträge als strategisches Element politischer Zielsetzungen eingesetzt werden können
- *öffentlich-private und öffentlich-zivile Partnerschaften* für eine gemeinsame Politikumsetzung und Leistungserbringung
- *agile und innovative Ansätze* zur Schaffung von Feedbackmechanismen während der Umsetzungs- und Leistungserbringungsprozesse
- ein *strategischer Ansatz zur Umsetzung der Ziele für nachhaltige Entwicklung*

Um die angemessene Umsetzung öffentlicher Maßnahmen zu gewährleisten, ist das Monitoring der Politik- und Governance-**Ergebnisse** von grundlegender Bedeutung. Informationsmonitoring kann in die Entscheidungsfindung einfließen und zu besseren Ergebnissen führen, indem sie den politischen Entscheidungsträger*innen hilft, Fortschritte zu verfolgen und bei Bedarf nachzubessern. **Monitoring kann auch dazu dienen, den betroffenen Akteuren gegenüber Rechenschaft abzulegen, beispielsweise im Hinblick auf den Mitteleinsatz, interne Verfahren sowie die Ergebnisse einer bestimmten Maßnahme.** Der Bericht hebt Folgendes hervor:

- In den OECD-Ländern rückt das *Monitoring der Zielgerichtetheit von Maßnahmen* sowie ihrer Wirkungen zunehmend in den Mittelpunkt.
- Das *Monitoring der Finanzergebnisse und des Haushaltsvollzugs* der Verwaltung kann dabei helfen, die Effektivität der öffentlichen Ausgaben im Hinblick auf die strategischen Ziele zu überprüfen und die Mittelzuweisungen anzupassen.
- Viele OECD-Länder *messen ihre Regulierungsergebnisse* und stellen die Einhaltung der Vorschriften durch Kontrollen sicher.

Belastbare Politikevaluierung

Die Leistungsbewertung und Evaluierung der Politikergebnisse hilft den politisch Verantwortlichen zu verstehen, weshalb bestimmte Maßnahmen funktionieren und andere nicht. Wenn Befunde in den Politikzyklus einfließen, kann die Politikevaluierung das Kosten-Nutzen-Verhältnis von Maßnahmen sowie die Rechenschaftslegung und die Transparenz des Politikgestaltungsprozesses optimieren und damit den Einsatz öffentlicher Mittel und Ressourcen legitimieren. Das entsprechende Kapitel zeigt die Bedeutung institutioneller Rahmenwerke für die Politikevaluierung sowie der Steigerung der Qualität von Evaluierungen und ihrer verwaltungsebenen- und ressortübergreifenden Nutzung. Schließlich wird auf die Wichtigkeit von *Ex-post-Evaluierungen* hingewiesen, deren Ziel es ist, dazu beizutragen, dass die geltenden Vorschriften sowohl relevant als auch auf ihre Ziele abgestimmt sind.

Einführung: Der Weg zu einem integrierten guten Verwaltungs- und Regierungshandeln

Die Eckpunkte für gutes Verwaltungs- und Regierungshandeln (im Folgenden das Eckpunktepapier) sollen Regierungen und Verwaltungen auf allen Ebenen ein integriertes Diagnose-, Orientierungs- und Benchmarkinginstrument bieten, um

- *Reformen im Bereich der öffentlichen Governance* zu gestalten und umzusetzen, die zu einer nachhaltigen Steigerung des Wohlstands des jeweiligen Lands und des Wohlergehens der Bürger*innen führen;
- Reformen in allen Politikbereichen zu gestalten und umzusetzen, wobei *Governance-Konzepte für eine effektive Politikgestaltung* zugrunde gelegt werden, damit Reformen komplexen, mehrdimensionalen Herausforderungen auf wirksamere Weise gerecht werden können Dies ist umso wichtiger, als die Länder sich aufmachen, die Agenda 2030 der Vereinten Nationen (VN) und die Ziele für nachhaltige Entwicklung (SDG) den nationalen Rahmenbedingungen entsprechend umzusetzen;
- eine Reformagenda für das Verwaltungs- und Regierungshandeln zu entwerfen und zu verfolgen, die es dem jeweiligen Land ermöglicht, sich den OECD-Standards und -Praktiken in diesem Bereich anzunähern.

Hauptzielgruppe dieses Eckpunktepapiers sind Regierungszentren, Fachministerien, Behörden und sonstige öffentliche Stellen der Exekutive auf allen Verwaltungsebenen, insbesondere wenn sie mit der Gestaltung, Umsetzung und Evaluierung von Reformagenden für Politik und Verwaltung befasst sind. Dieses Eckpunktepapier könnte auch für die Zivilgesellschaft nützlich sein, um staatliche Vorgaben im Hinblick auf Akteursbeteiligung, Entscheidungsfindung und Politikgestaltung zu evaluieren. Ebenso kann es der Legislative und Judikative bei ihren Bemühungen um modernere Governance-Konzepte dienlich sein – als Mittel, um Bürger*innen sowie den Unternehmen bessere Leistungen anbieten zu können.

Weshalb ein Eckpunktepapier?

Mehr als zehn Jahre nach der Finanzkrise von 2008 bemühen sich die Regierungen heute die COVID-19-Pandemie und ihre Folgen so zu bewältigen, dass für alle Bürger*innen bestmögliche und nachhaltige Ergebnisse erzielt werden. Dabei stehen die Staaten vor zunehmend multidimensionalen Herausforderungen, die angesichts sinkender öffentlicher Ressourcen und eines geringen Vertrauens in den Staat bereichsübergreifende, vielschichtige Antworten erfordern (OECD, 2017[1]).

Obgleich die Welt vor systemischen und miteinander verbundenen Herausforderungen wie dem Klimawandel und einer wachsenden Ungleichheit steht, sind die Länder noch immer schlecht darauf vorbereitet, diese Probleme wirksam anzugehen (OECD, 2017[2]). Dieses neue Szenario stellt auch die öffentlichen Verwaltungen vor vielerlei Herausforderungen. Die bisherigen Governance-Probleme, wie Korruption, übermäßige Bürokratie, ineffiziente Ausgaben und fehlende Kompetenzen, werden nun durch Engpässe verstärkt, die eine wirksame Koordinierung zwischen den verschiedenen Verwaltungseinheiten und Politikbereichen erschweren oder verhindern. Hinzu kommt die Notwendigkeit für den öffentlichen Sektor, neue Kompetenzen und Kapazitäten zu ermitteln, zu gewinnen und zu halten, um neuen politischen und technologischen Entwicklungen wirksam zu begegnen. Schlecht konzipierte und verwaltete Institutionen und Governance-Instrumente sind ursächlich für Governance-Versagen und hindern Regierungen und Verwaltungen daran, die Ziele für ihr Land und ihre Bürger*innen zu erreichen (Meuleman, 2018[3]). So geht beispielsweise aus dem OECD-Bericht über *Governance of Inclusive Growth* (OECD, 2016[4]) hervor, dass Governance-Versagen zu weitverbreiteter informeller Beschäftigung, begrenztem Bildungszugang und unzureichenden formalen Sicherheitsnetzen führen kann – die allesamt der Ungleichheit Vorschub leisten. Solches Versagen ist häufig mit erheblichen finanziellen Kosten verbunden, die entstehen, um Probleme anschließend durch Reformen zu beheben oder den verursachten Schaden zu mindern. Governance-Versagen kann daher das Vertrauen der Bürger*innen in den Staat untergraben.

Die ökologischen, sozialen und wirtschaftlichen Herausforderungen unserer Zeit erfordern einen mehrdimensionalen und integrierten Ansatz für die öffentliche Politik und die Dienstleistungserbringung. Es ist klar, dass nicht länger möglich ist, mit den traditionellen Analyseinstrumenten und Problemlösungsmethoden bessere Ergebnisse und Wirkungen zu erzielen, die von den Bürger*innen verlangt und erwartet werden. Neben ganzheitlichen und stärker integrierten Strategien sind innovative Ansätze für das Verwaltungs- und Regierungshandeln notwendig, damit die staatlichen Stellen den mehrdimensionalen, gesellschaftlichen Herausforderungen wirksam begegnen können. Die Notwendigkeit eines ganzheitlichen Ansatzes für eine mehrdimensionale und kohärente Politikgestaltung und -umsetzung sowie für Governance-Strukturen, mit denen diese Verpflichtung erfüllt werden kann, kommt in der Agenda 2030 für nachhaltige Entwicklung der Vereinten Nationen zum Ausdruck.

Die staatlichen Anstrengungen sind nunmehr darauf ausgerichtet, Kapazitäten zur Bewältigung von komplexen und systemischen Herausforderungen zu stärken und gleichzeitig auf unmittelbare Prioritäten zu reagieren, die sich aus den politischen Erfordernissen ergeben. Zugleich verlangen die Bürger*innen und die Zivilgesellschaft eine gerechtere, offenere und inklusivere Governance-Kultur, in deren Rahmen Entscheidungen im öffentlichen Interesse und nicht unter dem ungebührlichen Einfluss mächtiger Interessengruppen getroffen werden.

Der Bericht ist nicht dafür konzipiert worden, um Governance-Versagen und die tiefer liegenden Ursachen dafür zu ermitteln. Allerdings hebt er verschiedene empfehlenswerte Governance-Praktiken der OECD-Mitglieds- und Partnerländer hervor, denen ein wertebasierter Ansatz für das Verwaltungs- und Regierungshandeln zugrunde liegt, bei dem Ressourcen effizient und im öffentlichen Interesse generiert und eingesetzt werden. Diese grundlegenden Praktiken wurden und werden von den OECD-Mitgliedern und -Partnern in einer Form entwickelt und angewandt, die einen wertebasierten Governance-Ansatz widerspiegelt, bei dem Ressourcen effizient und im öffentlichen Interesse generiert und eingesetzt werden.

Der Hintergrund

Seit über zehn Jahren, insbesondere seit der Wirtschaftskrise 2008, ist die OECD über ihre Ausschüsse für öffentliche Governance und Regulierungspolitik Zeuge der großen Governance-Herausforderungen, mit denen nationale Regierungen und nachgeordnete Gebietskörperschaften konfrontiert sind. Durch die Erfassung dieser Herausforderungen konnte die OECD einen beachtlichen Korpus an Daten aus den Mitglieds- und Partnerländern sammeln. Daraus ließen sich zentrale Erkenntnisse in Bezug darauf gewinnen, welche Politikmaßnahme funktioniert und welche nicht, um die Herausforderungen für das Verwaltungs- und Regierungshandeln am besten zu bewältigen. In vielen Bereichen der öffentlichen Governance hat die OECD Grundsätze und empfehlenswerte Vorgehensweisen, die sich aus diesem Korpus ableiten lassen, in einer Reihe von OECD-Rechtsinstrumenten zum Verwaltungs- und Regierungshandeln verankert.[1]

Diese Instrumente umfassen Grundsätze und empfehlenswerte Vorgehensweisen in den wichtigsten Themenbereichen der öffentlichen Governance – d. h. Praktiken, die nach den Erkenntnissen der Länder am besten geeignet sind, damit Regierungen und Verwaltungen den Herausforderungen im jeweiligen Bereich wirksam begegnen können (Abbildung 0.1).

Abbildung 0.1. OECD-Rechtsinstrumente in der Verantwortung des Ausschusses für Regulierungspolitik und des Ausschusses für öffentliche Governance

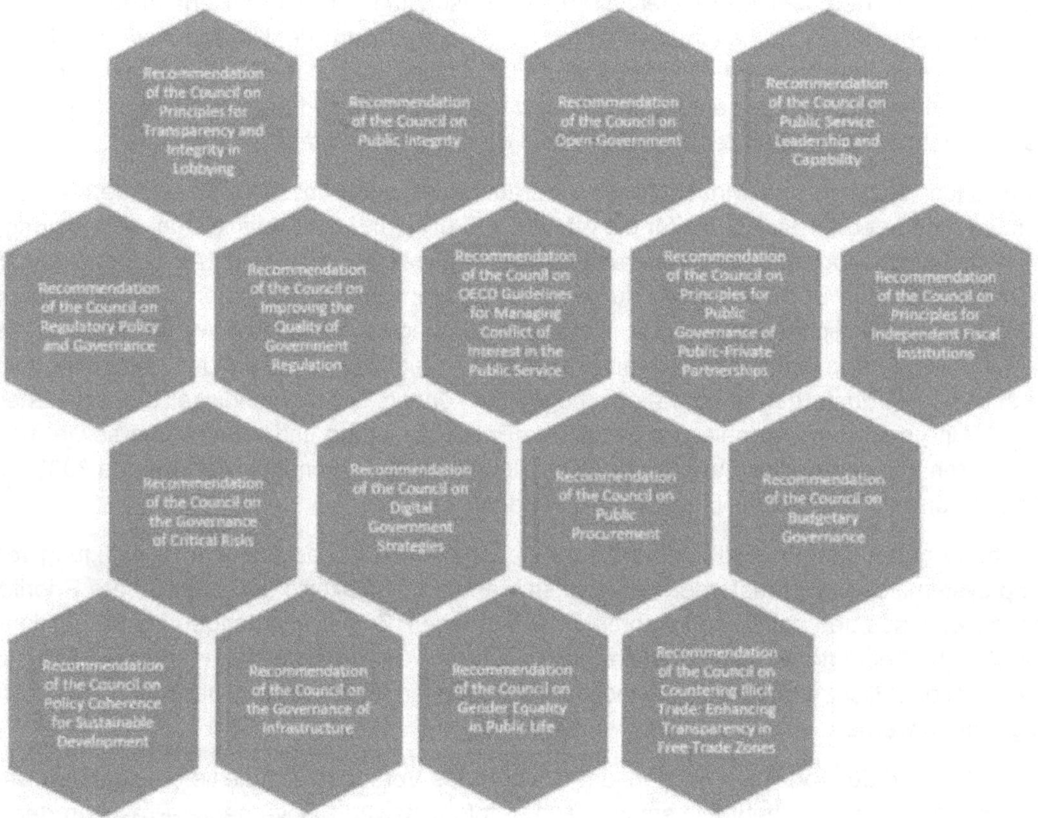

Quelle: OECD-Rechtsinstrumente, https://legalinstruments.oecd.org/en/.

Über zwanzig Jahre Reformanstrengungen der Länder im Bereich Verwaltungs- und Regierungshandeln haben zu folgenden Hauptaussagen und Erkenntnissen geführt:

- Es gibt große Datenlücken hinsichtlich der Frage, wie öffentliche Governance die Wirkungen inklusiven Wachstums verbessern kann.
- Reformverantwortliche haben Schwierigkeiten, schlagkräftige Argumente für umfassende Reformen im Bereich der öffentlichen Governance zu formulieren, da Reformen häufig nur als Instrument zur Ausgabensenkung anstatt als Mittel zur Lösung komplexer Politikherausforderungen angesehen werden.
- Top-down-Ansätze ohne Einbindung der Bürger*innen und der Zivilgesellschaft begrenzen in der Regel den Reformerfolg.
- Ein kohärenter, integrierter und systembasierter Reformansatz kann zu besseren Ergebnissen führen, da er Synergien, Kompromisse und Überlegungen zur Abfolge der Reformschritte einbeziehen kann.

Die Entstehung dieses Eckpunktepapiers geht auf eine erste Diskussion dieser Aspekte anlässlich einer Sitzung des Ausschusses für öffentliche Governance (PGC) im Jahr 2013 zurück. Die Delegierten des Ausschusses nahmen zur Kenntnis, dass erhebliche Anstrengungen unternommen wurden, um Politikempfehlungen nach Bereichen getrennt zu formulieren (z. B. Regulierungspolitik und Governance, Transparenz und Integrität bei Lobbying-Aktivitäten). Gleichzeitig ging aus der Diskussion hervor, dass kein Narrativ vorhanden war, das alle Aspekte auf kohärente Art und Weise miteinander verknüpft. Ein solches Konzept könne den Regierungen und Verwaltungen dabei helfen, integrierte Ansätze für ihr Handeln umzusetzen. Die Delegierten gelangten zu dem Schluss, dass ein umfassendes Konzept dazu beitragen könne, Kompromisse und Überlegungen zur Abfolge der Reformschritte in einer Reformagenda zu ermitteln. Auf diese Weise könnten Regierungen und Verwaltungen Reforminitiativen schlüssig priorisieren und Mittel für ihre Umsetzung so zuweisen, dass eine nachhaltige Wirkung und eine Optimierung der positiven Ergebnisse erzielt würden.

Dieses Eckpunktepapier stützt sich auf Erkenntnisse und Praktiken, die in den letzten zehn Jahren im Rahmen der *Public Governance Reviews* der OECD und anderer länder- und sektorspezifischer Bewertungen des Verwaltungs- und Regierungshandelns gesammelt wurden. Bestehende OECD-Rechtsinstrumente zur öffentlichen Governance mit den darin enthaltenen grundlegenden Merkmalen guten Verwaltungs- und Regierungshandelns werden in dem Bericht mit Beispielen neuer empfehlenswerter Praktiken in Bereichen der öffentlichen Governance, in denen es bisher noch keine OECD-Instrumente gibt (z. B. ressortübergreifende Koordinierung oder Evaluierung der Politikergebnisse), zu einem Gesamtnarrativ verknüpft. Das Eckpunktepapier baut auf vergleichbaren Arbeiten der OECD auf, wie den *OECD/EU SIGMA Principles of Public Administration* (SIGMA, 2017[5]), sowie anderer internationaler Organisationen, wie den *Principles of effective governance for sustainable development* des Wirtschafts- und Sozialrats der Vereinten Nationen (2018[6]) und der *Quality of Public Administration Toolbox* der Europäischen Kommission (Europäische Kommission, 2017[71]). Es spiegelt vor allem aber einen breiten Konsultationsprozess mit den internationalen und zivilgesellschaftlichen Organisationen, den OECD-Mitgliedsländern und der Öffentlichkeit wider.

Was bedeutet gutes Verwaltungs- und Regierungshandeln für die OECD?

Gutes Verwaltungs- und Regierungshandeln bezieht sich auf die formalen und informellen Regeln, Verfahren, Praktiken und Interaktionen, die im Staatsgefüge sowie zwischen den staatlichen Stellen, den nicht staatlichen Einrichtungen und den Bürger*innen den Rahmen für die Ausübung der öffentlichen Gewalt und die Entscheidungsfindung im öffentlichen Interesse bilden.

Gutes Verwaltungs- und Regierungshandeln ist eine unabdingbare Voraussetzung für pluralistische Demokratien, um die Achtung der Rechtsstaatlichkeit und der Menschenrechte zu gewährleisten. Das Herzstück guten Verwaltungs- und Regierungshandelns sind effiziente demokratische Institutionen.

Gutes Verwaltungs- und Regierungshandeln ist daher eine Kombination aus drei miteinander verbundenen Elementen:

- **Werte**: kontextspezifische Verhaltensgrundsätze, die das Verwaltungs- und Regierungshandeln in all seinen Dimensionen so leiten, dass das öffentliche Interesse gefördert und gewahrt wird
- **Erfolgsfaktoren**: ein Kernbestand von Vorgehensweisen, die die effektive Gestaltung und Umsetzung von Reformen stützen
- **Instrumente**: staatliche Strategien und Managementpraktiken zur effizienten Governance und Politikumsetzung

Abbildung 0.2. Aspekte guten Verwaltungs- und Regierungshandelns

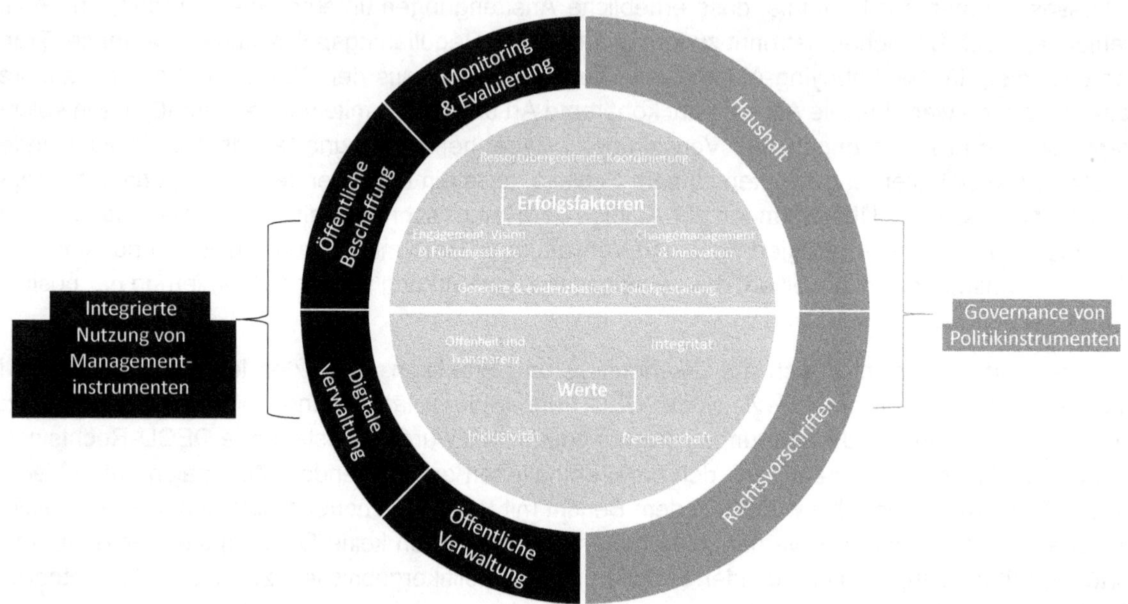

Quelle: Eigene Darstellung der Autoren.

Die Werte, Erfolgsfaktoren und Instrumente, die ein gutes Verwaltungs- und Regierungshandeln stützen, sind in hohem Maße interdependent. Eine solide Haushaltspolitik setzt Transparenz, Teilhabe und Integrität ebenso wie die Entwicklung solider Monitoring- und Evaluierungsinstrumente voraus. Die Strategien zur Digitalisierung der öffentlichen Verwaltung erfordern wirksame Organisations-, Governance- und Regulierungsstrukturen. Ein ressortübergreifender Regulierungsrahmen verlangt solide Koordinierung, Mechanismen zur Akteursbeteiligung und Führungskompetenz.

An wen richtet sich das Eckpunktepapier?

Hauptzielgruppe ist zwar die Exekutive, der Inhalt dieses Eckpunktepapiers kann aber über die Exekutive hinaus Resonanz finden und aus gesamtgesellschaftlicher Perspektive die Zusammenarbeit zwischen den Gewalten und Zuständigkeitsbereichen fördern.

Am Ende jedes Kapitels finden sich Fragen, die der Leser zur Bewertung der institutionellen und Entscheidungskapazitäten der betreffenden Regierung bzw. Verwaltung in den wichtigsten Bereichen der öffentlichen Governance nutzen kann. Das Eckpunktepapier bietet darüber hinaus – soweit möglich – Hinweise zur Reformdurchführung auf der Grundlage der Toolkits, die für die Umsetzung der Empfehlungen entwickelt wurden, ebenso wie Erkenntnisse zu Trends und Praktiken, die aus breiter angelegten Arbeiten der OECD mit den Mitglieds- und Partnerländern hervorgegangen sind.

Konkret kann das Eckpunktepapier folgendermaßen genutzt werden:

- als Bewertungs- und Benchmarkinginstrument, um bestimmte reformwürdige Bereiche des Verwaltungs- und Regierungshandelns zu beleuchten und um im Lauf einer Reform zu ermitteln, welche anderen Governance-Praktiken es dabei zu berücksichtigen gilt (z. B. können Open-Government-Strategien zur Wirksamkeit von Regulierungsmaßnahmen beitragen und umgekehrt)
- als Diskussionsgrundlage, um verschiedene Akteure innerhalb des Staats und aus der Zivilgesellschaft in die Evaluierungen und Reformen der öffentlichen Governance einzubeziehen

- als Handreichung zur Durchführung von Reformen, und zwar durch die Bereitstellung von Ressourcen und Verknüpfungen zu spezifischeren und detaillierteren Informationen über die internationalen Standards, Toolkits und Vergleichsdaten der OECD zur öffentlichen Governance

Die Eckpunkte sollen die OECD-Rechtsinstrumente im Bereich des Verwaltungs- und Regierungshandelns ergänzen, wobei letztere weiterhin die geltenden Rechtsnormen für öffentliche Governance im OECD-Raum bleiben. Ihre Umsetzung wird durch den zuständigen Ausschuss regelmäßig überprüft, und dem Rat der OECD wird über die erzielten Fortschritte Bericht erstattet. Das Eckpunktepapier stützt die Umsetzung dieser Rechtsinstrumente, indem es ein ganzheitliches Bild des Verwaltungs- und Regierungshandelns und damit ein kohärentes und umfassendes Narrativ dessen liefert, was die OECD in diesem Bereich bisher erarbeitet hat.

Worum es in dem Eckpunktepapier nicht geht

Dieses Eckpunktepapier soll weder eine einseitige Sicht des Verwaltungs- und Regierungshandelns bzw. ein Patentrezept dafür vorgeben, noch soll es die vielen kontextspezifischen Faktoren verschweigen, die die Fähigkeit der Regierungen beeinträchtigen, diese Vorgehensweisen in der öffentlichen Verwaltung zu verankern (z. B. die Größe eines Lands und des Staatsapparats, die Homogenität des öffentlichen Sektors, die betreffende Verwaltungsebene usw.). Das Eckpunktepapier erhebt zudem keinen Anspruch auf Vollständigkeit, soll aber einen ganzheitlichen Ansatz für die öffentliche Governance liefern. Da es in erster Linie auf OECD-Arbeiten basiert, enthält es keine wichtigen Elemente, über die die OECD nur begrenzte Erkenntnisse gesammelt hat, z. B. über die interne Organisation bestimmter Ministerien oder Verwaltungseinheiten, die Bewältigung großer Herausforderungen für die öffentliche Sicherheit oder das Management beim staatlichen Wiederaufbau nach Konflikten. Hierbei handelt es sich um stark kontextspezifische Aspekte. Die zentralen Werte, Erfolgsfaktoren und Instrumente des Eckpunktepapiers lassen sich allerdings anpassen, um die Regierungen und Verwaltungen auch bei der Bewältigung dieser Herausforderungen zu unterstützen.

Die Weiterentwicklung des Eckpunktepapiers

Das Eckpunktepapier ist als Instrument so konzipiert, dass es ständig aktualisiert und leicht auf den neuesten Stand zu bringen ist, in dem Maße wie sich Praktiken weiterentwickeln, neue Erkenntnisse gesammelt und die OECD-Rechtsinstrumente überarbeitet oder neue verabschiedet werden. In den kommenden Ausgaben sollen daher neue Beispiele guter Governance vorgestellt werden, die die ganze Bandbreite guten Verwaltungs- und Regierungshandelns veranschaulichen. Künftige Ausgaben des Eckpunktepapiers könnten somit auch zeitgebundene Schlüsselindikatoren enthalten, um den Reifegrad der Governance-Systeme zu bewerten. Die Berücksichtigung möglicher „Reifegradmodelle" in Bezug auf die Governance-Praxis, insbesondere im Zusammenhang mit den am Ende eines Kapitelabschnitts aufgeführten Bewertungsfragen, würde den Regierungen und Verwaltungen konkrete, indikatorbasierte Instrumente bieten, mit denen sie ihre Fortschritte bei der Annäherung an die OECD-Standards in den im Eckpunktepapier hervorgehobenen Bereichen des Regierungshandelns überwachen und evaluieren könnten. Die OECD hofft, dass diese zukünftigen Ausgaben sowohl für die Mitglieds- als auch für die Partnerländer weiterhin nützlich sein werden, damit die Staaten in den verschiedenen Bereichen der öffentlichen Governance die gesamte Bandbreite guten Verwaltungs- und Regierungshandelns ausschöpfen können.

Mit diesem Eckpunktepapier will die OECD die verschiedenen Praktiken ins Licht rücken, die die Länder entwickelt haben – und weiterhin entwickeln –, um sicherzustellen, dass ihre institutionellen und Entscheidungsstrukturen zu besseren Ergebnissen für die Bürger*innen führen: *Eine bessere Politik für ein besseres Leben – durch eine bessere Governance.*

Literaturverzeichnis

Europäische Kommission (2017), *Quality of Public Administration – A Toolbox for Practitioners 2017 edition*, Amt für Veröffentlichungen der Europäischen Union, Luxemburg, http://dx.doi.org/10.2767/483489. [71]

Meuleman, L. (2018), *Metagovernance for Sustainability: A Framework for Implementing the Sustainable Development Goals*, Routledge. [3]

OECD (2017), *Government at a Glance 2017*, OECD Publishing, Paris, https://dx.doi.org/10.1787/gov_glance-2017-en. [1]

OECD (2017), *Systems Approaches to Public Sector Challenges: Working with Change*, OECD Publishing, Paris, https://dx.doi.org/10.1787/9789264279865-en. [2]

OECD (2016), *The Governance of Inclusive Growth*, OECD Publishing, Paris, https://dx.doi.org/10.1787/9789264257993-en. [4]

SIGMA (2017), *The Principles of Public Administration – 2017 edition*, http://www.sigmaweb.org/publications/principles-public-administration.htm (Abruf: 4. Oktober 2019). [5]

Vereinte Nationen (2018), *Principles of effective governance for sustainable development*, Wirtschafts- und Sozialrat, Official Records 2018, Supplement No. 24, E/2018/44-E/C.16/2018/8, para. 31, https://publicadministration.un.org/Portals/1/Images/CEPA/Principles_of_effective_governance_english.pdf. [6]

Anmerkung

[1] Der Ausschuss für öffentliche Governance und der Ausschuss für Regulierungspolitik zeichnen zusammengenommen für 14 OECD-Empfehlungen des Rates und eine Erklärung verantwortlich. Die vollständige Liste findet sich unter: https://legalinstruments.oecd.org/en/instruments?mode=advanced&committeeIds=863,7497&dateType=adoption.

Teil I Werte und Erfolgsfaktoren für gutes Verwaltungs- und Regierungshandeln

1 Werte für gutes Verwaltungs- und Regierungshandeln

Der Aufbau einer wertebasierten Kultur für gutes Verwaltungs- und Regierungshandeln ist ein kontinuierlicher und mit vielen Herausforderungen verbundener Prozess, bei dem es gilt, die Gewohnheiten und Verhaltensweisen von Stellen der öffentlichen Verwaltung und Einzelpersonen zu beeinflussen. Zwar sind Governance-Werte immer kontextabhängig, doch hebt dieses Kapitel auf Schlüsselwerte ab, auf deren Grundlage eine neue Governance-Kultur entstehen kann. Eine solche Governance-Kultur kann die Art und Weise, wie Staaten ihre Aufgaben festlegen und priorisieren, positiv beeinflussen sowie dazu beitragen, Korruption und die Vereinnahmung der Politik durch ungebührliche Einflussnahme zu verhindern und die öffentliche Entscheidungsfindung am Gemeinwohl auszurichten. Die in diesem Kapitel diskutierten Werte sind Integrität, Offenheit und Transparenz, Teilhabe, Beteiligung, Geschlechtergleichstellung und Vielfalt sowie Rechenschaftspflicht und Rechtsstaatlichkeit. Auch wenn es – so heißt es in dem Kapitel – nicht das eine Patentrezept für Reformen gibt, können doch konkrete Schritte unternommen werden, um den öffentlichen Sektor sowohl kulturell als auch institutionell voranzubringen und seine Leistungen stärker an Werten auszurichten.

Die Staaten stehen weltweit verstärkt auf dem Prüfstand und unter Druck. Da die Effekte der Finanzkrise von 2007-2008 auf so wesentlichen Politikfeldern wie der Bekämpfung von Ungleichheit, Armut und Korruption erst noch abklingen müssen, muss der öffentliche Sektor insgesamt sowohl in den Mitglieds- als auch den Partnerländern mehr mit weniger Mitteln erreichen und den Bürger*innen zeigen, dass ihre Lebensbedingungen sich dank der Art und Weise, wie der Staat öffentliche Mittel ausgibt, verbessern.

Korruption als eines der größten Probleme unserer Zeit beschäftigt die Bürger*innen immer mehr. Korruption führt zur Verschwendung öffentlicher Ressourcen, zur Verschärfung der wirtschaftlichen und sozialen Ungleichheit, zu Unzufriedenheit und politischer Polarisierung sowie zu sinkendem Vertrauen in unsere Einrichtungen.[1] In Anbetracht der Vorteile der Digitalisierung verlangen die Bürger*innen von ihren Regierungen, dass sie transparenter und bedarfsorientierter handeln und mehr und neue Formen der Beteiligung bei der Politikgestaltung und der Ressourcenverteilung nutzen.

Gutes Verwaltungs- und Regierungshandeln ist eine unabdingbare Voraussetzung für die Länder, um diesen neuen Herausforderungen zu begegnen und den zunehmenden Forderungen der Bürger*innen nachzukommen. Neben leistungsfähigen demokratischen Institutionen steht eine Reihe zentraler Werte im Mittelpunkt soliden Regierungshandelns: Sie sind unerlässlich für die Beteiligung der Bürger*innen an offenen, gerechten, inklusiven sowie gemeinwohlorientierten und partnerschaftlichen Entscheidungsprozessen, die dem Wohlergehen und Wohlstand aller dienen. Gutes Verwaltungs- und Regierungshandeln ist daher kein Selbstzweck, sondern ein Prozess zur Förderung der individuellen und gesellschaftlichen Entwicklung.

Kasten 1.1. Begriffsdefinition

Gutes Verwaltungs- und Regierungshandeln bezieht sich auf die formellen und informellen Regeln, Verfahren, Praktiken und Interaktionen, die im Staatsgefüge sowie zwischen den staatlichen Stellen, den nichtstaatlichen Einrichtungen und den Bürger*innen den Rahmen für die Ausübung der öffentlichen Gewalt bilden und Entscheidungsfindungen im öffentlichen Interesse ermöglichen.

Gutes Verwaltungs- und Regierungshandeln ist eine unabdingbare Voraussetzung für pluralistische Demokratien, um die Achtung der Rechtsstaatlichkeit und der Menschenrechte zu gewährleisten. Im Zentrum guten Regierungshandelns stehen effiziente demokratische Institutionen.

Gutes Verwaltungs- und Regierungshandeln ist daher eine Kombination aus drei miteinander verbundenen Elementen:

- *Werte:* kontextabhängige Verhaltensgrundsätze, die das Regierungshandeln in all seinen Dimensionen so leiten, dass das öffentliche Interesse gefördert und gewahrt wird
- *Erfolgsfaktoren:* ineinandergreifende Verfahren und Vorgehensweisen, die die effektive Gestaltung und Umsetzung von Reformen stützen
- *Instrumente:* eine Reihe von Strategien und Managementpraktiken zur effizienten Governance sowie zur Gestaltung, Umsetzung und Evaluierung von Maßnahmen und Dienstleistungen

Das gemeinsame Ziel der nachhaltigen Entwicklung, das in der **VN-Agenda 2030** bzw. den **Zielen für nachhaltige Entwicklung (SDG)** zum Ausdruck gebracht wird, definiert im Rahmen von Ziel 16 eine Reihe klarer Verpflichtungen, um Frieden, Gerechtigkeit und starke Institutionen zu schaffen. SDG-Ziel 16 ist darauf ausgerichtet, friedliche und inklusive Gesellschaften zu fördern, allen Menschen Zugang zur Justiz zu ermöglichen und leistungsfähige, rechenschaftspflichtige und transparente öffentliche Institutionen auf allen staatlichen Ebenen aufzubauen. Zielvorgaben der Verpflichtungen sind u. a.: Korruption und Bestechung in allen ihren Formen reduzieren; die Rechte von Minderheiten garantieren; dafür sorgen, dass die Entscheidungsfindung auf allen Ebenen bedarfsorientiert, inklusiv, partizipatorisch und repräsentativ ist;

Pressefreiheit und den öffentlichen Zugang zu Informationen gewährleisten und die Grundfreiheiten schützen, im Einklang mit den nationalen Rechtsvorschriften und völkerrechtlichen Übereinkünften.

Eine proaktive Haltung zu diesen grundlegenden Verpflichtungen ist heute wichtiger denn je. Länder auf der ganzen Welt sehen sich zunehmend mit Herausforderungen für den traditionellen demokratischen Pluralismus konfrontiert, und zwar sowohl im rechten als auch im linken politischen Spektrum. Nur noch 43 % der Bürger*innen vertrauen im OECD-Durchschnitt ihrer Regierung (OECD, 2017[7]). Dies ist z. T. das Ergebnis einer sich vertiefenden Kluft zwischen den Menschen und ihren politischen Systemen, wobei die Rolle traditioneller repräsentativ-demokratischer Kräfte, wie von Gewerkschaften oder politischen Parteien, u. a. durch eine niedrigere Beteiligung am demokratischen Prozess infrage gestellt wird. Ob und wie andere, direktere Beteiligungsformen etwas zur Wiederherstellung des Vertrauens in die öffentlichen Einrichtungen und zur Erzielung besserer Ergebnisse beitragen, etwa ob und wie sich öffentliche Konsultationen über soziale Medien auf die Qualität der Demokratie auswirken, ist indessen noch nicht klar.

Obgleich die Kausalzusammenhänge zwischen den einzelnen Faktoren und dem Grad des Vertrauens nicht immer so klar sind wie oft dargelegt, kommt die Forschungsarbeit des OECD Trustlab zu dem Ergebnis, dass Regierungsintegrität auf höchster Ebene das Merkmal ist, das am stärksten mit Vertrauen in den Staat assoziiert wird (Murtin et al., 2018[8]). Darüber hinaus deuten die Erkenntnisse darauf hin, dass die Effizienz und die Effektivität einer Verwaltung (worauf in Teil II näher eingegangen wird) bei der Umsetzung von Maßnahmen und Dienstleistungen, die den Bedürfnissen der Bürger*innen tatsächlich gerecht werden, Regierungsmerkmale sind, die stark mit Vertrauen in den Staat assoziiert werden. Das Vertrauen in die öffentlichen Einrichtungen wird allerdings auch durch andere Faktoren bestimmt.

So müssen sich die Bürger*innen auf einen „Gesellschaftsvertrag" verlassen können, dem die Annahme zugrunde liegt, dass politische und Politikentscheidungen im öffentlichen Interesse getroffen werden und dass Probleme, die staatliches Handeln erfordern, mit dem Ziel des Gemeinwohls angegangen werden. Die Forschungsarbeit des OECD Trustlab (Murtin et al., 2018[8]) kommt daher zu dem Schluss, dass das Vertrauen in den Staat maßgeblich durch die Zufriedenheit mit den staatlichen Dienstleistungen sowie mit der Bearbeitungsdauer und der Verlässlichkeit der öffentlichen Verwaltung bestimmt wird. Fehlendes Vertrauen untergräbt die Demokratie und beeinträchtigt die Bereitschaft der Bürger*innen und der Unternehmen, staatliche Maßnahmen mitzutragen. Fehlendes Vertrauen stellt somit ein Hindernis für eine inklusive soziale und wirtschaftliche Entwicklung dar, deren Ziel es ist, Wohlstand und Wohlergehen für alle zu sichern (OECD, 2017[7]).

Die staatlichen Anstrengungen zur Stärkung – und mitunter zum Wiederaufbau – grundlegender demokratischer Bindungen erfordern eine Governance-Kultur auf der Grundlage gemeinsamer Werte, die den Zielen und Wünschen der Gesellschaft Rechnung tragen. Diese Werte sind kontextspezifisch und in historischen und kulturellen Traditionen verwurzelt, die den breitesten gesellschaftlichen Konsens verkörpern. Es kann Jahrzehnte, gar Jahrhunderte dauern, bis sich dieser Konsens herauskristallisiert. In ihren Bemühungen um gutes Verwaltungs- und Regierungshandeln haben die OECD-Länder in den letzten Jahrzehnten eine Reihe von Governance-Werten ermittelt und sich diesen verpflichtet. Durch den gemeinsamen Fokus auf Förderung und Verteidigung des öffentlichen Interesses sind diese Werte im Streben nach inklusivem Wachstum und besseren Entwicklungsergebnissen auf natürliche Weise miteinander verbunden.

Auch wenn es schwierig ist, diese Werte voneinander abzugrenzen, lassen sich einige der von den Ländern hervorgehobenen allgemeinen Werte den vier Begriffen ***Integrität, Offenheit, Inklusivität und Rechenschaft*** zuordnen. Die Werte decken sich u. a. mit den in der *OECD Recommendation on Open Government* (OECD, 2017[22]) [OECD/LEGAL/0438] definierten Open-Government-Prinzipien, namentlich Transparenz (einschließlich Offenheit), Integrität, Rechenschaftspflicht und Akteursbeteiligung (einschließlich Teilhabe). Diese miteinander verbundenen und sich gegenseitig verstärkenden Werte sind zusammen mit dem Ziel der ***Effektivität*** Eckpfeiler, die dazu dienen, den öffentlichen Sektor so zu strukturieren und zu orientieren, dass die Bedürfnisse der Bürger*innen ohne Korruption erfüllt werden. Die Werte stehen mit den *Principles of Effective Governance for Sustainable Development* im Einklang, die vom VN-Wirtschafts- und Sozialrat (ECOSOC) im Juli 2018 verabschiedet wurden (Vereinte Nationen, 2018[6]). Darüber hinaus können zentrale Werte wie ***Flexibilität, Agilität und Reaktivität*** öffentliche Governance-Systeme stützen. Viele der in diesem Eckpunktepapier beschriebenen Vorgehensweisen – z. B. in den Bereichen Open Government, Innovation und digitale Verwaltung – können zur Förderung dieser Werte beitragen.

Der Aufbau einer wertebasierten Kultur für gutes Verwaltungs- und Regierungshandeln ist ein kontinuierlicher und mit vielen Herausforderungen verbundener Prozess, bei dem es gilt, die Gewohnheiten und Verhaltensweisen von Institutionen und Einzelpersonen durch die Festlegung, Gestaltung, Umsetzung und Evaluierung von systemischen und vielschichtigen Governance-Reformen zu beeinflussen. Aber auch wenn es nicht das eine Patentrezept für Reformen gibt, können konkrete Schritte unternommen werden, um das Verhalten des öffentlichen Dienstes – sowohl kulturell als auch institutionell – stärker an demokratischen Werten auszurichten, mit dem Ziel, den Bürger*innen besser zu dienen, inklusives Wachstum zu schaffen und Vertrauen wiederherzustellen. Um die Länder in ihrem Bestreben zu unterstützen, einen wertebasierten öffentlichen Dienst zu schaffen, in dem eine ergebnisorientierte und auf den*die Bürger*in ausgerichtete Kultur, die Führungskultur sowie die Politik- und Dienstleistungsgestaltung durch Werte bestimmt werden, liefert die erste Säule der *OECD Recommendation on Public Service Leadership and Capability* (OECD, 2019[9]) [OECD/LEGAL/0445] konkrete Orientierung. Mit der im *Public Sector Code* enthaltenen Werteerklärung soll in Kanada beispielsweise sichergestellt werden, dass bestimmte Werte als Kompass zur Orientierung für ein berufsethisches Verhalten der Beschäftigten des öffentlichen Dienstes dienen (Kasten 1.2).

Kasten 1.2. Wertebasierte Kultur für gutes Verwaltungs- und Regierungshandeln

Kanadas Public Sector Code enthält folgende Werteerklärung: Die Werte dienen als Kompass, um Beschäftigte des öffentlichen Dienstes in ihrem gesamten Handeln zu leiten. Die Werte können nicht getrennt voneinander betrachtet werden, da sie häufig eine gemeinsame Schnittmenge haben. Der Public Sector Code und die entsprechenden Verhaltenskodizes sind wichtige Quellen zur Orientierung der Beschäftigten des öffentlichen Dienstes. Von den Verwaltungsstellen wird erwartet, dass sie Schritte unternehmen, um diese Werte in ihre Entscheidungen, Aktionen, Maßnahmen, Verfahren und Systeme einzubetten. Analog dazu können die Beschäftigten des öffentlichen Dienstes erwarten, dass sie von ihren Dienstherren im Einklang mit diesen Werten behandelt werden.

Quelle: Im Rahmen des Konsultationsprozesses für dieses Eckpunktepapier von Kanada zur Verfügung gestelltes Praxisbeispiel.

Die Erkenntnisse legen zudem den Schluss nahe, dass Reformen, die auf die Schaffung oder die Stärkung einer wertebasierten Kultur für gutes Verwaltungs- und Regierungshandeln abzielen, nicht mit Konzepten umgesetzt werden können, die isoliert bzw. sektorspezifisch ausgelegt sind. Ressortübergreifende, mehrdimensionale Reformstrategien, die durch eine **weitgehende Koordinierung** zwischen den in der Verwaltung bestehenden Silos erarbeitet werden, um alle relevanten Bereiche einzubeziehen, scheinen am besten zu funktionieren.

Die meisten Vorgehensweisen, die den Erkenntnissen zufolge wirksam sind, wurden in den OECD-Rechtsinstrumenten zur öffentlichen Governance verankert: *Recommendation on Improving the Quality of Government Regulation* (1995) [OECD/LEGAL/0278], *Recommendation on Guidelines for Managing Conflict of Interest in the Public Service* (OECD, 2004[20]) [OECD/LEGAL/0316], *Recommendation on Regulatory Policy and Governance* (OECD, 2012[27]) [OECD/LEGAL/0390], *Recommendation on*

Budgetary Governance (OECD, 2015[48]) [OECD/LEGAL/0410], *Recommendation on Gender Equality in the Public Life* (OECD, 2015[25]) [OECD/LEGAL/0418], *Recommendation on Public Integrity* (OECD, 2017[11]) [OECD/LEGAL/0435] und *Recommendation on Open Government* (OECD, 2017[22]) [OECD/LEGAL/0438].

Integrität

Integrität ist der Eckpfeiler eines jeden Systems solider Governance. Integrität ist für das Regierungshandeln im Interesse des Gemeinwohls von entscheidender Bedeutung, insbesondere im Hinblick auf den Wohlstand und das Wohlergehen der Gesamtgesellschaft. Integrität stärkt Grundwerte wie das Bekenntnis zu einer pluralistischen Demokratie, die auf Rechtsstaatlichkeit und Achtung der Menschenrechte aufbaut.

Dennoch ist kein Land gegen Integritätsverletzungen gefeit, und Korruption stellt nach wie vor eine der größten Herausforderungen für die öffentliche Verwaltung dar. Integritätsrisiken gibt es immer, wenn es im politischen Geschehen bzw. in Politikprozessen zu Interaktionen zwischen öffentlichem Sektor, Zivilgesellschaft und Einzelpersonen kommt. Im Vergleich zu Bestechungshandlungen werden Verstöße gegen Integritätsstandards immer komplexer und erstrecken sich auf ein breites Spektrum von Sachverhalten wie Interessenkonflikte, missbräuchliche Einflussnahme und Veruntreuung von öffentlichem Eigentum. Sie gehen häufig mit subtileren Praktiken einher, etwa der ungebührlichen Einflussnahme auf Entscheidungsprozesse. Dies führt zu einem dominierenden Einfluss von Partikularinteressen auf die Politikgestaltung (*policy capture*). Korruption umfasst eine ganze Reihe von Tatbeständen wie Bestechung, Vereinnahmung des Staats durch Interessengruppen (*state capture*) und Veruntreuung, die oftmals mit anderen illegalen Praktiken wie Geldwäsche oder Bieterabsprachen verbunden sind. Korruption untergräbt die öffentliche Governance und die Demokratie wie auch das Vertrauen der Bürger*innen, weil sie zur Verschwendung öffentlicher Ressourcen, zur Verschärfung der wirtschaftlichen und sozialen Ungleichheit sowie zu Unzufriedenheit und politischer Polarisierung führt (OECD, 2017[11]).

Der Aufbau eines Integritätssystems im öffentlichen Sektor ist entscheidend, nicht nur um Korruption zu verhindern, sondern auch um die demokratischen Institutionen und den Rechtsstaat zu schützen. Eine strategische und nachhaltige Korruptionsbekämpfung stellt daher die Integrität des öffentlichen Sektors in den Mittelpunkt (Kasten 1.3).

Kasten 1.3. Definition des Begriffs Integrität im öffentlichen Sektor

Integrität bezogen auf den öffentlichen Sektor bedeutet die konsequente Ausrichtung auf gemeinsame ethische Werte, Grundsätze und Normen sowie deren Einhaltung zur Wahrung des öffentlichen Interesses und dessen Priorisierung gegenüber privaten Interessen in den Handlungen und Entscheidungsprozessen des öffentlichen Sektors.

Quelle: OECD (2017[11]), *OECD Recommendation of the Council on Public Integrity* [OECD/LEGAL/0435], http://www.oecd.org/gov/ethics/OECD- Recommendation- Public-Integrity.pdf.

Im Lauf der Jahre haben die OECD-Mitgliedsländer rechtliche und institutionelle Rahmenvorgaben verabschiedet, um die Integrität im öffentlichen Sektor zu fördern. So haben beispielsweise die Vertragsparteien des Übereinkommens über die Bekämpfung der Bestechung ausländischer Amtsträger im internationalen Geschäftsverkehr (*Convention on Combating Bribery of Foreign Public Officials in International Business Transactions*) (OECD, 2009[12]) [OECD/LEGAL/0293] vereinbart, neue Maßnahmen zu ergreifen, um ihre Bemühungen zur Prävention, Aufdeckung und Untersuchung der Bestechung ausländischer Amtsträger durch die Annahme der *OECD Recommendation for Further Combating Bribery of Foreign Public Officials in International Business Transactions* (OECD, 2009[12]) [OECD/LEGAL/0378] zu verstärken. Dennoch stützen sich viele Länder stark (oder ausschließlich) auf Kontroll- und Durchsetzungsmechanismen. Solche Ansätze betonen in der Regel, wie wichtig es ist, durch Kontrollen und Sanktionen sowohl den Preis für Fehlverhalten zu erhöhen als auch den Nutzen unerwünschten Verhaltens zu mindern. Ziel ist es, den Ermessensspielraum von Entscheidungsträgern zu verringern, um den Spielraum für mögliches Fehlverhalten zu reduzieren. Es gibt jedoch Belege dafür, dass allzu starre Compliance-Regeln nur begrenzt wirksam sind und sich nicht abschreckend auf das Verhalten einer Person auswirken (Kasten 1.4).

Kasten 1.4. Die versteckten Kontrollkosten (*hidden costs of control*)

Eine Reihe von Verhaltensexperimenten, bei denen die Wirkung von Compliance-Programmen auf die intrinsische Motivation einer Person im Hinblick auf Integrität untersucht wird, zeigt, dass manche der traditionelleren Kontrollmethoden Korruption tatsächlich eher fördern als verhindern.

So erfordert beispielsweise das „Vier-Augen-Prinzip" die Zustimmung von mindestens zwei gleichermaßen verantwortlichen Personen. Es beruht auf dem Argument, dass es schwieriger sei, zwei Personen als eine Person zu bestechen. Aus experimentellen Studien geht allerdings hervor, dass die Einbeziehung zusätzlicher Akteure in einen Entscheidungsprozess, ohne ihnen die alleinige Verantwortung zu übertragen, nicht unbedingt ein wirksamer Ansatz zur Integritätsförderung ist.

Dieses Prinzip ist in der Tat durch Misstrauen motiviert und kann negative Auswirkungen auf die intrinsische Motivation der Mitarbeiter*innen haben. Zudem führt es zur Zersplitterung der Verantwortung zwischen den Einzelnen, womit der individuellen Entscheidung die moralische Verantwortung genommen wird. Das Prinzip fördert darüber hinaus die Solidarität untereinander und kann dazu führen, dass Menschen sich in ein korruptes Netzwerk verstricken.

Quelle: Schikora, J. (2011[13]), "Bringing the Four-Eyes-Principle to the Lab", Münchener Wirtschaftswissenschaftliche Beiträge, *VWL: Discussion Papers*, https://epub.ub.uni-muenchen.de/12160/1/The4EP_Schikora.pdf.

Die *OECD Recommendation on Public Integrity* (OECD, 2017[11]) [OECD/LEGAL/0435] trägt einem Großteil der vorhandenen Erkenntnisse über Integritätspraktiken im öffentlichen Sektor Rechnung, verlagert aber den Fokus von Ad-hoc-Maßnahmen zur Erhöhung der Integrität in Richtung einer kontextabhängigen evidenz- und risikobasierten Strategie. Der Schwerpunkt liegt dabei auf der Förderung eines kulturellen Wandels und der Prüfung integritätsbasierter Politikgestaltung anhand verhaltensbezogener Kriterien. Die *Recommendation on Public Integrity* enthält mehrere neue ressortübergreifende Überlegungen und fördert neben anderen wesentlichen Elementen des Regierungshandelns die Kohärenz. So wird beispielsweise die Notwendigkeit einer wirksamen institutions- und ebenenübergreifenden Koordinierung betont, um jeden relevanten Zuständigkeitsbereich bei der Gestaltung und Einrichtung eines kohärenten und ganzheitlichen öffentlichen Integritätssystems einzubinden. Da Integritätsrisiken durch Interaktionen zwischen dem öffentlichen Sektor, dem privaten Sektor und der Zivilgesellschaft verursacht werden können, verfolgt die *Recommendation on Public Integrity* darüber hinaus einen gesamtgesellschaftlichen Ansatz, der auf die spezifischen Integritätsrisiken von Ressorts, Verwaltungsstellen und öffentlich Beschäftigten abgestellt ist.

Insbesondere enthält die *Recommendation on Public Integrity* (2017[11]) [OECD/LEGAL/0435] Orientierungen für Politikverantwortliche zur Entwicklung einer Strategie für die Integrität des öffentlichen Sektors, die auf drei Säulen beruht: 1. Aufbau eines kohärenten und umfassenden Integritätssystems, 2. Förderung einer Kultur der Integrität im öffentlichen Sektor und 3. Schaffung eines günstigen Umfelds für Rechenschaft und Transparenz (Abbildung 1.1). Diese Strategie für die Integrität des öffentlichen Sektors geht über die Verringerung von Korruptionsrisiken hinaus und zielt auf ein Integritätsleitbild, das auf Lösungen setzt, die die Ursache von Integritätsproblemen angehen.

Abbildung 1.1. Die drei Säulen der *OECD Recommendation on Public Integrity*: System, Kultur, Rechenschaft

Quelle*:* OECD (2017[11]), *OECD Recommendation on Public Integrity* [OECD/LEGAL/0435], http://www.oecd.org/gov/ethics/OECD-Recommendation-Public-Integrity.pdf.

Ein **kohärentes und umfassendes Integritätssystem im öffentlichen Sektor** soll sicherstellen, dass die politisch Verantwortlichen einen Katalog zusammenhängender Maßnahmen und Instrumente erstellen, die aufeinander abgestimmt sind und Überschneidungen und Lücken vermeiden:

- Es gibt zunehmend von Verhaltensforschern gesammelte empirische Evidenz dafür, dass die Einhaltung von Verpflichtungen auf oberster politischer und Managementebene den Grundstein dafür legt, wie Integrität im öffentlichen Sektor und in der Gesellschaft wahrgenommen wird (OECD, 2018[14]).
- Die Gewähr, dass die institutionellen Zuständigkeiten im öffentlichen Sektor klar festgelegt sind, erhöht analog dazu nicht nur die Effektivität des Integritätssystems insgesamt, sondern stärkt auch die Integrität einzelner Entscheidungsträger. Dabei liegt Integrität nicht nur in der Verantwortung von Ethikbeauftragten, sondern auch in der der Verwaltungsmitarbeiter*innen, die ein breites Spektrum von öffentlichen Aufgaben wahrnehmen, u. a. öffentliche Beschaffung, Personalmanagement, Verwaltung der öffentlichen Finanzen, Besteuerung und Bildungsdienstleistungen. Die zuständigen Akteur*innen sind sowohl auf der zentralen staatlichen Ebene wie auch auf den nachgeordneten Verwaltungsebenen sowie in den verschiedenen Funktionen der jeweiligen öffentlichen Stellen angesiedelt. In Abbildung 1.2. sind einige der Mechanismen aufgeführt, die von den Regierungen genutzt werden, um Integritätsmaßnahmen systematisch in allen Fachministerien umzusetzen.
- Was die Gestaltung, die Einrichtung und die Leistungsevaluierung von Integritätssystemen anbelangt, so erfolgt die interinstitutionelle Koordinierung zwischen den öffentlich Beschäftigten, den voneinander getrennten Verwaltungseinrichtungen und den verschiedenen staatlichen Ebenen in den OECD-Mitgliedsländern häufig durch das Regierungszentrum.

Abbildung 1.2. Mechanismen zur systematischen Umsetzung von Integritätsmaßnahmen in allen Fachministerien

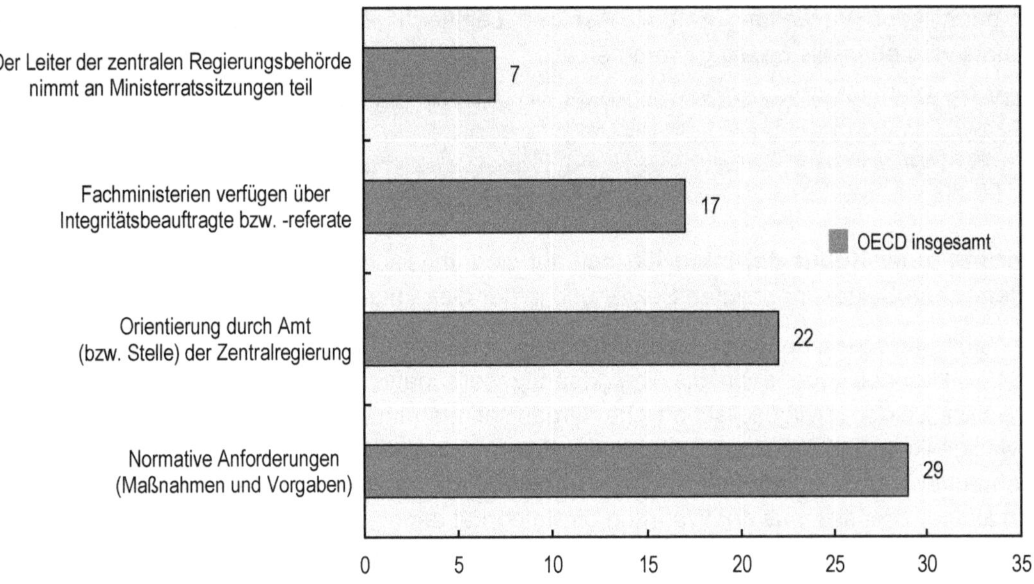

Quelle: OECD (2016), *Survey on Public Sector Integrity*, OECD, Paris.

Eine wachsende Zahl von OECD-Mitgliedsländern hat anerkannt, wie wichtig es ist, einen strategischen, risikobasierten Ansatz zu entwickeln und hohe Verhaltensmaßstäbe festzusetzen, um wertebasierte Entscheidungen im öffentlichen Sektor und in der Gesellschaft zu fördern. Verhaltenskodizes (Kasten 1.5) legen z. B. Erwartungen an das Verhalten fest und machen die Einhaltung der Werte des öffentlichen Sektors zur Priorität. Ziel ist es, den Aspekt der Integrität in der übergeordneten Strategie sowie bei Managementzielen und der Leistungsbeurteilung zu berücksichtigen. Zusätzlich können klare und angemessene Verfahren eingeführt werden, um Verstößen gegen die Integritätsstandards des öffentlichen Sektors vorzubeugen und potenzielle Interessenkonflikte zu bewältigen.

Kasten 1.5. Verhaltenskodizes für Beschäftigte des öffentlichen Sektors (Dänemark)

Die dänische Regierung veröffentliche 2007 den *Code of Conduct in the Public Sector*, um die allgemeinen Pflichten und Verantwortlichkeiten der Beschäftigten des öffentlichen Sektors zu verdeutlichen. Das dänische Finanzministerium gab 2015 den *Code VII-Seven Key Duties* heraus, der eigens auf Beschäftigte und Führungskräfte in der Zentralregierung ausgerichtet ist und den *Code of Conduct* ergänzt. *Code VII* beschreibt die sieben zentralen Pflichten von Beschäftigten der Zentralregierung wie folgt:

- Rechtmäßigkeit
- Aufrichtigkeit
- Professionalität
- Entwicklung und Zusammenarbeit
- Verantwortung und Management
- Offenheit gegenüber Fehlern
- Parteipolitische Neutralität

Eine überarbeitete Fassung des *Code of Conduct in the Public Sector* wurde 2017 herausgegeben. Sie nimmt Code-VII-Leitlinien und den *Code of Quality and Ethics in the Public Administration* der nachgeordneten Gebietskörperschaften auf, der Empfehlungen für die Beziehung zwischen Lokalpolitikern und der öffentlichen Verwaltung enthält. Auf den Leitfaden *How to Avoid Corruption* des Justizministeriums wird ebenfalls Bezug genommen.

Quelle: Agency for modernization, Local Government Denmark and Danish Regions (2017[15]), *Code of Conduct in the Public Sector*, https://modst.dk/media/18742/code-of-conduct-in-the-public-sectorforside.pdf; Ministry of Finance (Dänemark) (2015[16]), *Seven key duties for civil servants in central government*, https://modst.dk/media/17483/kodex_vii_english_version.pdf.

Die **Förderung einer Kultur der Integrität** soll auf die intrinsische Motivation der Einzelnen einwirken, sich im öffentlichen Sektor, im privaten Sektor und in der Gesamtgesellschaft ethisch zu verhalten:

- Sensibilisierungskampagnen und Bildungsprogramme für Kinder und Jugendliche (OECD, 2018[17]) können gegebenenfalls eine gesamtgesellschaftliche Kultur der Integrität fördern, die den privaten Sektor, zivilgesellschaftliche Organisationen und die Bürger*innen dazu bringt, ihre jeweilige Rolle und Verantwortung bei der Prävention und Bekämpfung korrupter Praktiken besser wahrzunehmen. Gezieltere Ansätze zur Teilhabe des privaten Sektors und der Zivilgesellschaft am Nutzen, der sich aus der Wahrung der Integrität ergibt, z. B. durch Regelungen zu Interessenkonflikten und Arbeitsplatzwechseln in wirtschaftliche und gemeinnützige Tätigkeiten, können ebenfalls sehr fruchtbar sein.
- Führungsverhalten und die Übernahme von Verantwortung sind entscheidend, um eine Integritätskultur zu fördern. Die staatlichen und anderen öffentlichen Einrichtungen in den OECD-Mitgliedsländern investieren daher auch zunehmend in das Integritätsmanagement von leitenden Mitarbeiter*innen, stärken den leistungsorientierten öffentlichen Sektor, z. B. indem der Aspekt der Integrität in Auswahlverfahren eingebunden wird, und bieten den öffentlich Bediensteten Orientierung und Weiterbildungsmöglichkeiten.
- Hierzu gehört außerdem die Förderung einer offenen Organisationskultur, in der ethische Konfliktsituationen, Fragen hinsichtlich der Integrität des öffentlichen Sektors und Fehler offen diskutiert und zeitnah behoben werden. Sensibilisierungsmaßnahmen im Hinblick auf das Melden von Integritätsverletzungen sind daher entscheidend, um die herrschende Einstellung zum Whistleblowing zu verändern und damit verbundene negative Konnotationen aufzubrechen.

Die **Gewährleistung einer effektiven Rechenschaftspflicht** stützt sich auf risikobasierte Kontrollen und echte Verantwortung bei Integritätsverletzungen:

- Dazu gehört die Anwendung eines wirksamen internen Kontroll- und Risikomanagementrahmenwerks, um die Anfälligkeit öffentlicher Stellen gegenüber Betrug und Korruption zu mindern und gleichzeitig eine Kultur der Integrität zu fördern. Darüber hinaus gewährleistet die Entwicklung effektiver Durchsetzungsmaßnahmen bei allen mutmaßlichen Integritätsverletzungen Kohärenz und Legitimität eines Integritätssystems. Rechtsdurchsetzung ist das wichtigste Instrument, mit der eine Gesellschaft die Einhaltung von Vorschriften sicherstellen und Fehlverhalten verhindern kann. Dies zeugt vom Engagement des Staats, Integritätswerten Geltung zu verschaffen und trägt dazu bei, dass die Einzelnen, öffentliche Stellen und die Gesellschaft diese Werte als kulturelle Normen verinnerlichen.
- Externe Aufsichts- und Kontrollmechanismen stärken die Effektivität des öffentlichen Integritätssystems, die sich vor allem durch angemessene Reaktionen der Verwaltungsangehörigen auf Empfehlungen der Aufsichtsinstanzen, wirksame Verfahren im Umgang mit Beschwerden und Vorwürfen und die unparteiische Durchsetzung von Rechtsvorschriften im gesamten öffentlichen Sektor äußert. So sind beispielsweise die obersten Rechnungskontrollbehörden wichtige Akteure in der Rechenschaftskette eines Landes. Durch ein breites Spektrum von Instrumenten, darunter Audits

und Empfehlungen, können sie die Rechenschaftspflicht wirksam fördern. Traditionell sind sie für die Aufsicht über die öffentlichen Ausgaben zuständig, ihre Rolle entwickelt sich aber dahingehend weiter, dass sie die staatlichen Stellen darüber informieren, was in der öffentlichen Governance funktioniert und was nicht (OECD, 2016[18]). Außerdem können die obersten Rechnungskontrollbehörden Konzepte ausarbeiten, die eigens auf die Förderung der Integrität im öffentlichen Sektor abzielen, wie die Einbindung der Prüfung ethischer Fragen bei der Durchführung von Audits.

- Die Innenrevision der Behörden stärkt die Möglichkeiten der Bürger*innen, Einrichtungen des öffentlichen Sektors für deren Umgang mit öffentlichen Mitteln anhand objektiver Beurteilungen zur Rechenschaft zu ziehen.
- Transparenz und Beteiligung am Integritätssystem des öffentlichen Sektors sind wichtige Grundlagen für die Rechenschaftslegung. Ein ganzheitlicher Rechenschaftsansatz trägt der Rolle der verschiedenen staatlichen und nichtstaatlichen Akteure – und den zwischen ihnen bestehenden Komplementaritäten – bei der Stärkung der öffentlichen Kontrolle Rechnung. Die inklusive und faire Einbeziehung unterschiedlicher Interessen in Entscheidungsprozesse ist ein zentrales Instrument, um die Vereinnahmung staatlicher Politik durch zahlenmäßig kleine Interessengruppen zu verhindern. Zu diesem Zweck können die Länder Vorgaben für den Umgang mit Interessenkonflikten erarbeiten wie auch wirksame Regelungen und Praktiken für Integrität und Transparenz bei Lobbying-Aktivitäten und bei der Parteien- und Wahlkampffinanzierung vorsehen. Die *Recommendation on Principles for Transparency and Integrity in Lobbying* (OECD, 2010[19]) [OECD/LEGAL/0379] und die *Recommendation on OECD Guidelines for Managing Conflict of Interest in the Public Service* (OECD, 2004[20]) [OECD/LEGAL/0316] liefern klare Roadmaps für die Vorgehensweise in diesen Fragen.

Kasten 1.6. Register of People with Significant Control (Vereinigtes Königreich)

Das Vereinigte Königreich ist seit dem 6. April 2016 das erste G20-Land, das von Privatunternehmen verlangt, ein Verzeichnis der Personen zu führen, die einen signifikanten Einfluss auf das Unternehmen ausüben (Register of People with Significant Control – PSC). Die darin aufgeführten Informationen sind offenzulegen. Personen mit signifikantem Einfluss bzw. die wirtschaftlichen Eigentümer sind diejenigen, denen das Unternehmen letztlich gehört bzw. die es kontrollieren und von ihm profitieren. Die Informationen sind in einem offenen Datenformat über die Website des Companies House abrufbar. Ein Verzeichnis der wirtschaftlichen Eigentümer dient der Bekämpfung von Straftaten wie Steuerhinterziehung, Korruption und Geldwäsche, indem Menschen daran gehindert werden, Vermögen und Einkünfte zu verbergen.

Quelle: Mor, F. (2019[21]), "Registers of beneficial ownership", *House of Commons Library, Briefing Paper*, No. 8259, London: House of Commons library, https://researchbriefings.files.parliament.uk/documents/CBP-8259/CBP-8259.pdf.

Kernfragen

- *System:* Ermöglichen es die gesetzlichen und institutionellen Rahmenbedingungen den öffentlichen Einrichtungen, ihren Mitarbeiter*innen und den Behördenleitungen, Verantwortung für Integrität zu übernehmen? Zeigen die Behördenleiter*innen und Führungskräfte auf oberster Ebene Engagement für Integrität und ein hohes Maß an Redlichkeit bei der Ausübung ihrer Amtspflichten? Ist die Koordinierung zwischen den verschiedenen Akteuren im Integritätssystem auf zentraler wie auch auf nachgeordneter Ebene gewährleistet? Gibt es eine klare, einprägsame und umsetzbare Wertecharta für den öffentlichen Sektor, die nach innen und nach außen kommuniziert wird?

- *Kultur:* Gibt es Maßnahmen zur Förderung einer Kultur der Integrität innerhalb der öffentlichen Verwaltung (z. B. leistungsbasierte Personalpolitik, Weiterbildungsmöglichkeiten zu Integritätsfragen, Sensibilisierungsmaßnahmen, Kanäle zur Berichterstattung)? Würdigt das Integritätssystem des öffentlichen Sektors die Rolle von Unternehmen und zivilgesellschaftlichen Organisationen bei der Pflege und Förderung einer Kultur der Integrität? Gibt es Maßnahmen zur Förderung einer Kultur der Integrität innerhalb der Gesellschaft (z. B. Sensibilisierungsmaßnahmen und Bildungsprogramme, Verhaltenskodizes/Praktiken für verantwortungsvolles unternehmerisches Handeln usw.)?
- *Rechenschaft:* Gibt es beim Risikomanagement und der Evaluierung von Integritätsrisiken einen strategischen Ansatz? Werden Strategien und Praktiken zur Ermittlung, Bewertung und Minderung von Integritätsrisiken durch Instrumente und Methoden gestützt und mit Kontrollmaßnahmen abgestimmt? Wie wird die Kohärenz, Objektivität und Aktualität von Durchsetzungsmechanismen sichergestellt? Gibt es Regelungen oder Maßnahmen zur wirksamen Bewältigung von Interessenkonflikten? Gibt es Maßnahmen zur Gewährleistung von Transparenz und Integrität bei Lobbying-Aktivitäten sowie zur Schaffung von Transparenz bei der Parteien- und Wahlkampffinanzierung?

Offenheit und Transparenz

Zu den Maßnahmen für Offenheit und Transparenz zählen die Zugänglichkeit von Informationen und anderen öffentlichen Ressourcen sowie die proaktive Offenlegung von Informationen und Daten. Dies sind Schlüsselfaktoren für Rechenschaftspflicht und Vertrauen, von denen das reibungslose Funktionieren von Demokratien und Marktwirtschaften entscheidend abhängt. Angesichts der Bedeutung von Offenheit und Transparenz im Bereich des Regierungshandelns und der Politikgestaltung sind Open-Government-Strategien und -Initiativen zu einer tragenden Säule von Governance-Reformen geworden. Die OECD definiert **Open Government** (OG) als eine Kultur des Verwaltungs- und Regierungshandelns, die die Grundsätze der Transparenz, Integrität, Rechenschaftslegung und Akteursbeteiligung fördert, um die Demokratie und ein inklusives Wachstum zu stützen (OECD, 2017[22]). Die Reformen können von Initiativen zur Gewährleistung des Zugangs zu öffentlichen Informationen bis hin zu komplexeren Maßnahmen zur Stärkung der **Rechenschaftspflicht** und der **Akteursbeteiligung** im Entscheidungsprozess reichen.

Open Government ist kein Selbstzweck, sondern ein Mittel zur Verwirklichung von Politikzielen. Die Grundsätze und Verfahren offenen Regierungs- und Verwaltungshandelns lassen sich unabhängig vom Thema oder Ressort auf die Politikgestaltung und Dienstleistungserbringung ebenso wie auf alle Staatsgewalten anwenden (wenn sich neben der Exekutive die Legislative und die Judikative eines Landes sowie unabhängige öffentliche Einrichtungen Open-Government-Strategien und -Prinzipien zu eigen machen, spricht die OECD von einem offenen Staat). Wenn Politikmaßnahmen auf transparente und inklusive Weise beschlossen, gestaltet und umgesetzt werden, trägt dies zur Stärkung des Bürgervertrauens und wirksameren Erreichung von Politikzielen bei. Denn mit Offenheit kann der Staat die Bandbreite der Beiträge zum Entscheidungsprozess erweitern. In dieser Hinsicht ist die proaktive Offenlegung von klaren, vollständigen, aktuellen, zuverlässigen und relevanten Daten und Informationen des öffentlichen Sektors von zentraler Bedeutung. Diese Daten und Informationen sollten kostenlos und in einem nicht proprietären, offenen maschinenlesbaren Format verfügbar sein. Sie sollten zudem leicht zu finden, zu verstehen, zu nutzen und wiederzuverwenden sein und über verschiedene Kanäle verbreitet werden. In diesem Zusammenhang ist auch unerlässlich, dass der*die Bürger*in das verbriefte Recht hat, bei der öffentlichen Verwaltung Informationen anzufordern.

Offenes Regierungs- und Verwaltungshandeln kann zudem zur politischen Gleichstellung und zu mehr Teilhabe beitragen, wenn Bevölkerungsgruppen und Sektoren erreicht werden, die seltener an der Öffentlichkeitsbeteiligung partizipieren. Aus diesem Grund plädieren die OECD-Empfehlungen für die Einführung von Open-Government-Grundsätzen und -Verfahren in den verschiedenen Bereichen der öffentlichen

Governance – von der Regulierungspolitik über die Integrität des öffentlichen Sektors bis hin zur digitalen Verwaltung.

Auf der Grundlage der Praktiken, die im OECD-Raum in diesem Bereich nachgewiesenermaßen am besten funktionieren, empfiehlt die *OECD Recommendation on Open Government* (OECD, 2017[22]) [OECD/LEGAL/0438], dass die Länder Open-Government-Strategien und -Initiativen entwickeln, beschließen und durchführen, die bei der Gestaltung und Umsetzung staatlicher Maßnahmen und Dienstleistungen die Grundsätze der Transparenz, Integrität, Rechenschaftspflicht und Akteursbeteiligung fördern. In diesem Sinne könnten die Politikverantwortlichen

- **günstige Rahmenbedingungen schaffen,** wie die Gestaltung und Einrichtung eines soliden Rechts- und Regulierungsrahmens für das offene Regierungs- und Verwaltungshandeln, der personelle, finanzielle und technische Ressourcen sicherstellt und einschlägige Kompetenzen im Open-Government-Bereich fördert.
  - Der Erfolg von Open-Government-Strategien hängt weitgehend davon ab, ob es einen Politik- und Rechtsrahmen gibt, der die Regeln für die staatlichen Stellen und die betroffenen Akteure gleichermaßen definiert, z. B. Rahmenbedingungen für den Informationszugang und Schutz zivilgesellschaftlicher Handlungsspielräume. Eine erfolgreiche Umsetzung von Open-Government-Strategien setzt häufig eine strategische Nutzung von Methoden digitaler Verwaltung und Innovationsinstrumenten im öffentlichen Sektor voraus.
- **einen Umsetzungsrahmen erarbeiten,** und zwar durch verwaltungsebenen- und ressortübergreifende Koordinierungsmechanismen, Monitoring, Evaluierung und Lernprogramme für Open-Government-Strategien und -Initiativen sowie Akteursbeteiligung. Darüber hinaus kann eine effektive Kommunikation den Umsetzungsrahmen stärken, da Kommunikation nicht nur der Unterrichtung der Öffentlichkeit, sondern auch als strategisches Instrument zur Unterstützung der Politikgestaltung und der Dienstleistungserbringung dient, indem Transparenz und Teilhabe verbessert werden.
  - Da sich eine Open-Government-Strategie auf verschiedene Bereiche der Politik und der öffentlichen Governance bezieht, ist die aktive Führungsrolle des Regierungszentrums entscheidend, um Führungskultur und eine effektive Koordinierung zu gewährleisten. Dem OECD-Survey von 2016 zu Open Government und Bürgerbeteiligung zufolge gibt es in 85 % der Teilnehmerländer eine eigens für die horizontale Koordinierung von Open-Government-Initiativen zuständige Dienststelle (OECD, 2018[23]). Ein solides Monitoring- und Evaluierungssystem für Open-Government-Initiativen kann zudem eine zentrale Rolle spielen, um sicherzustellen, dass die Politik die beabsichtigten Ergebnisse erzielt. Auch etwaige Nachsteuerungen können so vorgenommen werden, damit Open-Government-Initiativen eine größere Wirkung entfalten. Dies ist allerdings ein schwieriges Unterfangen: Zwar geben 91 % der Länder an, dass sie ein Monitoring ihrer Open-Government-Initiativen durchführen. Evaluierungen nimmt jedoch nur die Hälfte der Länder vor (OECD, 2018[23]).
- **die weiteren Schritte planen,** indem das Potenzial eines Übergangs vom Open Government zum Open State untersucht wird. Idealerweise wird ein ressortübergreifender Ansatz verfolgt, dies hängt aber vom jeweiligen politischen System ab.
  - Eine wachsende Zahl von Ländern geht vom Konzept des Open Government zu einem Regierungs- und Verwaltungskonzept eines offenen Staats über, das weiter oben erwähnt wurde. **Ein offener Staat** ist in der Regel ein gemeinschaftliches Projekt, bei dem Exekutive, Legislative, Judikative, die unabhängigen öffentlichen Einrichtungen und alle Verwaltungsebenen zusammenarbeiten, um zur Förderung der Prinzipien offenen Regierungs- und Verwaltungshandelns Synergien zu nutzen und empfehlenswerte Praktiken und gewonnene Erkenntnisse untereinander und mit anderen betroffenen Akteuren auszutauschen.

- **Nachgeordnete Verwaltungsebenen** spielen eine zentrale Rolle bei der Stärkung der Maßnahmen, der Werte und der Kultur des Open Government und sie können einen wichtigen Beitrag zur Transformation eines Landes in einen offenen Staat leisten. Ihnen kommt seit jeher eine führende Rolle in der Praxis von Open Government und bei Innovationen zu. Für die Planung der weiteren Schritte sind zusätzliche Anstrengungen erforderlich, um sie in die Gestaltung und Umsetzung von nationalen Strategien und Politikmaßnahmen einzubinden.
- Die **Förderung** vielfältiger und transparenter **Medien-Ökosysteme** stärkt schließlich die Open-Government-Prinzipen von Transparenz und Rechenschaft. Die Staaten sollten daher eine Politik verfolgen, die Medienkompetenz, unabhängige, lokale, regionale und gemeinwirtschaftliche Medienanbieter, öffentlich-rechtliche Medien usw. unterstützt. Ein solches Vorgehen ist zudem von Bedeutung, da staatliche Stellen damit besser auf die sich verändernde Art und Weise reagieren können, wie die Öffentlichkeit Informationen erhält und teilt. Es dient ebenso der Resilienz gegenüber Bedrohungen durch Desinformation.

Kasten 1.7. Die Bedeutung von Transparenz

Transparenz ist von entscheidender Bedeutung, um die Bürger*innen in die Politikgestaltung einzubeziehen und das Vertrauen in die öffentlichen Einrichtungen zu stärken. Die Öffnung staatlicher Vorgänge, Verfahren, Dokumente und Daten zur Kontrolle durch die Öffentlichkeit und deren Teilhabe ist Voraussetzung für eine bessere Akteursbeteiligung, Teilhabe, Integrität und Rechenschaft in der öffentlichen Governance. Vor diesem Hintergrund schlägt die OECD mit ihrer *Recommendation on Open Government* (OECD, 2017[22]) vor, dass die staatlichen Stellen klare, vollständige, aktuelle, zuverlässige und relevante Daten und Informationen des öffentlichen Sektors offenlegen, die kostenlos und in einem nicht proprietären, offenen maschinenlesbaren Format verfügbar sind. Die OECD empfiehlt ferner, dass sich die Staaten in weiteren Bereichen der öffentlichen Governance, wie Integrität im öffentlichen Sektor, Haushaltsführung, öffentliche Beschaffung und Regulierungspolitik, transparente Vorgehensweisen zu eigen machen.

Quelle: *OECD Recommendation of the Council on Open Government* (2017[22]) [OECD/LEGAL/0438].

Kernfragen

- Ist ein geeignetes günstiges Umfeld zur Optimierung der Vorteile einer Open-Government-Kultur vorhanden, einschließlich institutioneller, rechtlicher und regulatorischer Rahmenbedingungen, personeller, finanzieller und technischer Ressourcen sowie Kontrollmechanismen?
- Werden Politikmaßnahmen in Zusammenarbeit mit den Bürger*innen und allen wichtigen Akteur*innen geplant und umgesetzt? Gehen die Maßnahmen mit Monitoring, Evaluierung und Lernprogrammen einher, um ihre Wirksamkeit sicherzustellen? Gelten diese Rahmenbedingungen für die nachgeordneten Gebietskörperschaften und die anderen Staatsgewalten?
- Inwieweit legt der Staat klare, vollständige, aktuelle, zuverlässige und relevante Daten und Informationen des öffentlichen Sektors proaktiv offen, die kostenlos und in einem nicht proprietären, offenen maschinenlesbaren Format verfügbar sind? Sind diese Daten und Informationen leicht zu finden, zu verstehen, zu nutzen und wiederzuverwenden?
- Begreift der Staat den Wert der digitalen Technologien für ein offeneres und innovativeres Regierungs- und Verwaltungshandeln in vollem Umfang?

- Wird zeitnahe und zugängliche Kommunikation bei der Entwicklung inklusiver Initiativen zur Akteursbeteiligung als integraler Bestandteil betrachtet? Werden innovative Ansätze genutzt, um Inklusivität und Repräsentativität zu gewährleisten?

Teilhabe, Beteiligung, Geschlechtergleichstellung und Vielfalt

Im Einklang mit dem Leitmotiv der Agenda 2030 „Niemanden zurücklassen", kann der Staat aktiv Maßnahmen ergreifen, um die **Gleichstellung in Governance- und Entscheidungsprozessen** zu gestalten, anzuwenden und zu überwachen. Der Schwerpunkt sollte dabei insbesondere auf dem Empowerment und der Integration marginalisierter, benachteiligter und/oder schutzbedürftiger Gruppen sowie der Förderung der Geschlechtergleichstellung im öffentlichen Leben liegen. Um die Achtung der Menschenrechte und Grundfreiheiten für alle Mitglieder der Gesellschaft zu garantieren, ist es von entscheidender Bedeutung, dass Politikgestaltung und Dienstleistungserbringung diskriminierungsfrei erfolgen und den Bedürfnissen aller Gruppen der Gesellschaft Rechnung tragen. Die Berücksichtigung der **Kriterien der Geschlechtergleichstellung und Teilhabe** in Entscheidungsprozessen kann in Kombination mit Offenheit und Transparenz staatlichen Stellen helfen, die Bedürfnisse von Menschen aller Geschlechter im breitestmöglichen Querschnitt der Gesellschaft besser zu verstehen und ihnen effizienter gerecht zu werden. Eine solche Betrachtungsweise ermöglicht es Entscheidungsträger*innen auch, die Auswirkungen ihrer Entscheidungen auf Menschen aller Geschlechter aus unterschiedlichen Verhältnissen in verschiedenen Politikfeldern oder Bereichen differenziert zu bewerten. So können sie evaluieren, ob bestimmte Maßnahmen bestehende Ungleichheiten verringern oder verstärken. Teilhabe wird erreicht, indem die staatlichen Stellen die Informationen, Ideen und Ressourcen aller beteiligten Akteure, insbesondere der Bürger*innen, zivilgesellschaftlicher Organisationen und des privaten Sektors, nutzen und diese stärker einbeziehen, um die Maßnahmen und Dienstleistungen auf die Bedürfnisse der Gesellschaft auszurichten.

Gesellschaftliche Gruppen, die aus unterschiedlichen Gründen (Religionszugehörigkeit, ethnische Herkunft, Sprache, sexuelle Orientierung, Alter, körperliche Fähigkeiten usw.) vulnerabel sind, sind in politischen Entscheidungsprozessen traditionell unterrepräsentiert. Um Teilhabe, Geschlechtergleichstellung und Vielfalt zu garantieren, sollten die politischen Entscheidungsträger*innen dafür sorgen, dass sämtliche staatlichen Stellen systematisch den Dialog mit der Gesellschaft als Ganzes führen und spezifische Maßnahmen ergriffen werden, um gezielt die Beteiligung aller gesellschaftlichen Gruppen sicherzustellen. **Junge Menschen** sind ebenfalls wichtige Akteure für mehr Vielfalt in der Politikgestaltung. Auch wenn die Bedürfnisse und Interessen aller Altersgruppen im Sinne der Generationengerechtigkeit in der Politikgestaltung gleichermaßen berücksichtigt werden sollten, sind es häufig die jungen Menschen, die politisch am wenigsten organisiert und vertreten sind. Wenn diese ein stärkeres politisches Gewicht bekommen und sich aktiver an politischen Prozessen beteiligen, können gesellschaftlicher Zusammenhalt und Resilienz gestärkt und Demokratien lebendiger werden. Dem *OECD Youth Stocktaking Report* (OECD, 2018[24]) zufolge äußern junge Menschen in 17 der 30 OECD-Mitgliedsländer, für die Daten zur Verfügung stehen, ein geringeres Vertrauen in den Staat als die Generation ihrer Eltern (ab 50 Jahre). Ihre Beteiligung an formalen Prozessen scheint rückläufig zu sein.

Nachstehend sind drei Haupterfolgsfaktoren aufgeführt, die Teilhabe, Geschlechtergleichstellung und Vielfalt im Regierungs- und Verwaltungshandeln steigern: 1. starke institutionelle Mechanismen, Instrumente und Rechenschaftsstrukturen, 2. effektive Akteursbeteiligung und 3. Gewährleistung von Geschlechtergleichstellung, Vielfalt und Teilhabe in Positionen mit Entscheidungskompetenzen.

Starke institutionelle Mechanismen, Instrumente und Rechenschaftsstrukturen. Die *OECD Recommendation on Gender Equality in Public Life* (OECD, 2015[25]) [OECD/LEGAL/0418] enthält diesbezüglich wichtige Eckpunkte, die sich auf alle Ansätze zur Förderung der Teilhabe übertragen lassen.

- **Verfolgung eines ressortübergreifenden Ansatzes** für die systematische Einbeziehung geschlechtspezifischer und allgemeiner Gleichstellungsfragen: In der *Recommendation on Gender*

Equality in Public Life wird ein ganzheitlicher Ansatz vorgeschlagen. Er erkennt an, dass alle öffentlichen Einrichtungen und Staatsgewalten bei der Förderung von Geschlechtergleichstellung und Teilhabe eine wichtige Rolle zu spielen haben. Das Regierungszentrum kann als das „Machtzentrum" eine entscheidende Funktion wahrnehmen und Veränderungen im gesamten System beeinflussen.

- **Nutzung aller wichtigen staatlichen Instrumente der Entscheidungsfindung**, um Teilhabe und Geschlechtergleichstellung zu fördern: Alle Ministerien und Behörden können evidenzbasierte Folgenabschätzungen ihrer Maßnahmen auf politisch unterrepräsentierte und/oder marginalisierte Gruppen und Erwägungen in verschiedene Ebenen öffentlicher Governance und in die Frühphasen aller Stadien des Politikzyklus integrieren. Entscheidungsträger*innen können auch in Erwägung ziehen, die Themen Teilhabe, Gleichbehandlung, Geschlechtergleichstellung usw. in alle Stadien des Haushaltszyklus einzubeziehen. Dies würde die Transparenz von geschlechtsrelevanten Entscheidungen zur Ressourcenallokation maximieren.
    - Mehrere Länder haben beispielsweise nationale Jugendinitiativen/-strategien ins Leben gerufen, damit sich Ministerien, verschiedene Verwaltungsebenen und nichtstaatliche Akteure auf eine gemeinsame Zielvorstellung verständigen. Dabei geht es darum, jugendbezogene Maßnahmen und Dienstleistungen auf kohärente Weise unter aktiver Mitwirkung junger Menschen umzusetzen. Außerdem können Länder sogenannte Jugend-Checks durchführen, in denen die erwarteten Auswirkungen neuer Gesetze auf junge Männer und Frauen geprüft werden. Hierdurch wird die klassische Erwachsenenperspektive in der Rechtssetzung erweitert.
    - **Stärkung der Rechenschaftslegungs- und Kontrollmechanismen** in Initiativen zur systematischen Berücksichtigung der Geschlechtergleichstellung und Teilhabe sowohl behördenübergreifend als auch behördenintern (Kasten 1.8).

Kasten 1.8. Schwedens Programm zur systematischen Berücksichtigung von Genderfragen in staatlichen Behörden

Um die Politikziele der Geschlechtergleichstellung zu erreichen, hat die schwedische Regierung für die Jahre 2012-2019 ein landesweites Programm zur systematischen Berücksichtigung von Genderfragen in staatlichen Behörden ins Leben gerufen. An dem Programm sind 60 Behörden aus den Bereichen Kultur, Justiz, Beschäftigung und Gesundheitsversorgung beteiligt. Diese Stellen müssen nach einem maßgeschneiderten Aktionsplan das Ziel der Geschlechtergleichstellung in ihre Kernaktivitäten aufnehmen.

Berichten der Schwedischen Behörde für Geschlechtergleichstellung und der Zwischenevaluierung der Schwedischen Behörde für öffentliche Verwaltung zufolge war die Förderung der Geschlechtergleichstellung für diese Behörden mit kritischen Herausforderungen aber auch mit positiven Ergebnissen verbunden. In Anbetracht dieser Ergebnisse hat die Regierung das Programm jüngst auf über 30 Hochschuleinrichtungen ausgedehnt. Außerdem hat sie ähnliche Programme zur Förderung der Rechte von Lesben, Schwulen, Bisexuellen und Transsexuellen sowie der Rechte von Kindern eingeführt.

Quelle: Im Rahmen des Konsultationsprozesses für dieses Eckpunktepapier von Schweden zur Verfügung gestelltes Praxisbeispiel.

Ein zweiter wichtiger Erfolgsfaktor für inklusive Governance ist eine **effektive Akteursbeteiligung**. Eine aktive Einbindung der betroffenen Akteure trägt dazu bei, dass die begrenzten öffentlichen Mittel zielgerichteter eingesetzt und öffentliche Dienstleistungen besser konzipiert und erbracht werden, z. B. durch Bürgerkonsultationen zur Bedarfsermittlung. Eine aktive Beteiligung geht über die Stimmabgabe bei Wahlen und sonstigen Abstimmungen hinaus. Mit dieser Form der Beteiligung wird die Fähigkeit der

Bürger*innen zur Mitgestaltung der Politik anerkannt (OECD, 2018[23]). Die Akteursbeteiligung – einer der Open-Government-Grundsätze – stärkt die Rechenschaftslegung und die Teilhabe am Regierungs- und Verwaltungshandeln, erweitert die Mitbestimmung der Bürger*innen und ihren Einfluss auf Entscheidungen und trägt zum Aufbau zivilgesellschaftlicher Kapazitäten bei. Durch die Akteursbeteiligung „verbessert sich [...] die Faktengrundlage für die Politikgestaltung, verringern sich die Kosten der Umsetzung und können breitere Netzwerke für Innovationen in der Politikgestaltung und der Erbringung von Dienstleistungen erschlossen werden" (OECD, 2009[26]).

In der *OECD Recommendation on Open Government* (2017[22]) [OECD/LEGAL/0438] wird den Staaten empfohlen, „allen Akteuren gleiche und faire Möglichkeiten zur Information und Konsultation zu bieten. Ferner sollen sie aktiv in alle Phasen des Politikzyklus und der Gestaltung und Erbringung von Dienstleistungen einbezogen werden". Darüber hinaus sollten sie „innovative Methoden für eine effektive Zusammenarbeit mit beteiligten Akteuren fördern, um neue Ideen zu schöpfen, gemeinsam Lösungen zu finden und die Chancen zu nutzen, die der Einsatz digitaler Verwaltungsinstrumente u. a. durch den Einsatz offener Verwaltungsdaten mit sich bringt". Die Empfehlung enthält auch eine umfassende Definition des Stakeholder-Begriffs. Er bezeichnet „jede interessierte und/oder betroffene Partei – darunter Privatpersonen, ungeachtet ihres Alters, Geschlechts, ihrer sexuellen Orientierung, religiösen und politischen Zugehörigkeit, staatliche und nichtstaatliche Institutionen und Organisationen der Zivilgesellschaft, Wissenschaft, Medien oder des Privatsektors".

Diesbezüglich wird den Staaten in der *OECD Recommendation on Digital Government Strategies* (OECD, 2014[31] [OECD/LEGAL/0406] empfohlen, digitale Regierungs- und Verwaltungsstrategien zu entwickeln und umzusetzen, die die Einbeziehung und Beteiligung von Akteur*innen des öffentlichen und privaten Sektors und der Zivilgesellschaft an Entscheidungsprozessen sowie der Gestaltung und Erbringung öffentlicher Dienstleistungen fördern. Die OECD-Mitgliedsländer haben verschiedene Initiativen ergriffen, darunter die Schaffung besserer Strukturen für die politische und staatsbürgerliche Bildung, Online-Konsultationen, der strategische Einsatz sozialer Medien sowie traditionellere Initiativen, wie die Einrichtung von Interessengruppen/Institutionen.

Wie in Kapitel 3 und 4 dargelegt, ist die Akteursbeteiligung eine Kernkomponente einer soliden Regulierungspolitik. Die *OECD Recommendation on Regulatory Policy and Governance* (2012[27]) [OECD/LEGAL/0390] kommt zu dem Schluss, dass die Staaten „eine klare Strategie einführen sollten, die festlegt, wie eine offene und ausgewogene öffentliche Konsultation zur Konzipierung von Regeln durchgeführt wird" (OECD, 2012[27]). Zu den in dieser Hinsicht wie auch im Hinblick auf die Förderung von Integrität und Offenheit von der OECD ermittelten empfehlenswerten Praktiken zur Einbeziehung betroffener Akteure in die Regulierungspolitik zählen folgende Punkte:

- Es sollten klare, ressortübergreifende, gesamtstaatliche Vorgaben zur Akteursbeteiligung existieren, die eindeutige Ziele festlegen.
- Auf allen Ebenen bedarf es der Führungsstärke und eines entschlossenen Engagements für die Einbeziehung der betroffenen Akteure in den Rechtssetzungsprozess – bei Politiker*innen, Führungskräften und Amtsträger*innen allgemein.
- Der Frage, ob die öffentliche Verwaltung über entsprechende Kapazitäten verfügt, die betroffenen Akteure effektiv und effizient einzubeziehen, sollte hinreichend Aufmerksamkeit gewidmet werden.
- Es sollten Mechanismen existieren, die gewährleisten, dass öffentlich Bedienstete die Prinzipien der offenen Regierungsführung und Akteursbeteiligung mittragen.

Viele Länder machen bei der Gestaltung und Umsetzung von Beteiligungsinitiativen große Fortschritte, die Daten zeigen jedoch, dass das diesbezügliche Potenzial, insbesondere im Hinblick auf die letzten Phasen des Politikzyklus, noch nicht voll ausgeschöpft ist. Was Open-Government-Strategien angeht, dürfte die Schaffung eines klaren Politik- und Rechtsrahmens für eine stärkere Teilhabe die Nutzung von Beteiligungspraktiken in allen Stadien des Politikzyklus begünstigen, da ein solcher Rahmen festlegt, welche Mechanismen einzusetzen sind und wie die Akteursbeteiligung im jeweiligen Stadium gefördert werden sollte. Auch wirtschaftliche Argumente für eine effektive Beteiligung – die auf der Messung des Kosten-Nutzen-Verhältnisses der Partizipation beruhen – sind von entscheidender Bedeutung, um den strategischen Einsatz von Bürgerbeteiligungsmaßnahmen zu verbessern.

Ein **drittes wichtiges Element** für mehr Teilhabe besteht darin, in **Positionen mit Entscheidungskompetenzen** Geschlechtergleichstellung, Vielfalt und Teilhabe zu gewährleisten. Die OECD ist sich der Tatsache bewusst, dass „die Förderung von Geschlechtervielfalt und Teilhabe, insbesondere der Geschlechtervielfalt in öffentlichen Entscheidungsprozessen, sowohl zur Erreichung inklusiven Wachstums auf allen staatlichen Ebenen als auch zur Vorbereitung der heute und in Zukunft notwendigen Schritte zur Steigerung des Vertrauens und Wohlbefindens der Bürger*innen von entscheidender Bedeutung ist" (OECD, 2015[25]). Frauen besetzen in allen drei Staatsgewalten noch immer nur ein Drittel der Führungspositionen. Um in diesem Bereich Fortschritte zu erzielen, bietet die *OECD Recommendation on Gender Equality in Public Life* (OECD, 2015[25]) [OECD/LEGAL/0418] den Ländern Orientierungshilfen in der Frage, wie sich in Positionen mit Entscheidungskompetenzen im öffentlichen Leben eine gerechte Geschlechterverteilung erreichen und die Geschlechtergleichstellung im öffentlichen Dienst, insbesondere in Spitzenpositionen, verbessern lässt. Des Weiteren wird zunehmend anerkannt, dass alle gesellschaftlichen Gruppen in den gewählten Organen, dem Regierungskabinett und der öffentlichen Verwaltung angemessen vertreten sein sollten, damit sie ihr Innovationspotenzial voll entfalten und den Bedürfnissen aller gerecht werden können.

Kernfragen

- Wurden ressortübergreifende Ziele definiert, um Teilhabe systematisch in alle Bereiche des öffentlichen Dienststs einzubeziehen? Werden diese Ziele durch Governance- und Leistungsstrategien flankiert? Sind sie in die ressortübergreifenden Politikziele und Prioritäten integriert?
- Existiert ein ressortübergreifender, institutioneller Rahmen, mit klaren Rollen und Aufgaben für das Regierungszentrum, die für die Gleichstellung der Geschlechter zuständigen Einrichtungen, alle Fachministerien und Ämter sowie Kontrollinstanzen (z. B. Ombudsperson)? Sind diese Stellen mit hinreichend Ressourcen, angemessenen Kapazitäten und Koordinierungsstrukturen ausgestattet, um die Umsetzung der Geschlechtergleichstellung und inklusiv ausgerichteter Entscheidungsprozesse systematisch zu gewährleisten und zu überwachen?
- Sind geschlechterdifferenzierte Daten und Informationen vorhanden – insbesondere verfügbare Daten zu Aspekten der Intersektionalität – und dienen sie in Entscheidungsprozessen als Informationsgrundlage?
- Stehen für schutzbedürftige gesellschaftliche Gruppen geschlechterdifferenzierte Daten zur Verfügung? Werden diese Ressourcen in Entscheidungsprozessen als Informationsgrundlage verwendet?
- Gibt es Maßnahmen, Mechanismen und Instrumente, um im öffentlichen Sektor eine geschlechtlich ausgewogene und inklusive Beteiligung an Entscheidungsprozessen und Führungsfunktionen zu fördern?[2]

Rechenschaftspflicht und Rechtsstaatlichkeit

Die Rechenschaftspflicht gegenüber der Öffentlichkeit ist für Regierungen und öffentliche Institutionen ein wichtiges Element, da sie die Effizienz und Effektivität des Regierungsapparats sicherstellt und ganz allgemein das Vertrauen der Bürger*innen in die staatlichen Einrichtungen stärkt. Heutzutage gerät der gesamte öffentliche Sektor immer stärker unter Druck, mehr mit weniger zu erreichen und den Bürger-

*innen offenzulegen, wofür ihre Steuergelder ausgegeben werden. In vielen Ländern ist die Rechenschaftspflicht gegenüber der Öffentlichkeit nicht alleinige Aufgabe einer einzigen Stelle oder Behörde, sondern liegt in der Verantwortung vieler Einrichtungen. Öffentlich Bedienstete müssen sicherstellen, dass staatliche Aktivitäten und Entscheidungen den Bedürfnissen und Anforderungen der Bürger*innen gerecht werden. Durch die horizontale Rechenschaftspflicht wird gewährleistet, dass die Staatsgewalten – Exekutive, Legislative und Judikative – und unabhängigen Institutionen (wie Ombudsstellen, oberste Rechnungskontrollbehörden und spezielle Kommissionen) im Namen der Bürger*innen gegenseitig rechenschaftspflichtig sind. Auf nationaler Ebene spielt die Rechenschaftspflicht gegenüber der Öffentlichkeit sicherlich eine zentrale Rolle, sie ist aber auch auf regionaler und lokaler Ebene von Bedeutung, wo Bürger*innen und Politik aufeinandertreffen. Für die konkreten Dienstleistungen der öffentlichen Daseinsvorsorge sind nämlich die Kommunal- und Regionalverwaltungen verantwortlich.

Durch die Nähe zwischen den gewählten Amtsträger*innen und den Bürger*innen auf lokaler Ebene entstehen informelle Mechanismen, die eine vertikale Rechenschaftspflicht begünstigen, d. h. eine direkte Beziehung zwischen Bürger*innen, Medien und zivilgesellschaftlichen Organisationen auf der einen und den gewählten und nicht gewählten Amtsträger*innen auf der anderen Seite. Der weitverbreitete Einsatz digitaler Technologien zusammen mit einer stärkeren Internet-Verbreitung weltweit, die zunehmende Präsenz von Politiker*innen und öffentlichen Institutionen in sozialen Medien, die Open-Government-Bewegung und die Verbreitung der Grundsätze und Praktiken von Transparenz und Akteursbeteiligung sind allesamt Faktoren, die den rechtlichen, institutionellen, Governance- und Politikrahmen, wie wir ihn bisher gekannt haben, ganz neugestalten.

Die Rechenschaftsbeziehungen, die in ihrer einfachsten Form definiert werden können als „wer macht was und berichtet wem", verschwimmen und verändern sich, da sie sich von Land zu Land und je nach politischen Abläufen unterscheiden. Waren die Zuständigkeiten der Politiker*innen, Amtsträger*innen und Bürger*innen einst klar definiert und gesetzlich verankert, sind sie heute einem tiefgreifenden Wandel unterzogen. Dieser verlangt ein Überdenken der Art und Weise, wie die formale, traditionelle (administrative und finanzielle) Rechenschaftspflicht (des Staats) mit stärker bürgerorientierten und interaktiven Bottom-up-Praktiken der Rechenschaftslegung (z. B. Bürgerjournalismus oder Open-Data-Initiativen) verknüpft werden sollte.

Kasten 1.9. Formen der Rechenschaftspflicht

- Staatliche Rechenschaftspflicht: Ein Rahmenwerk stellt sicher, dass öffentliche Institutionen im Namen der Bürger*innen gegenseitig rechenschaftspflichtig sind und dass das System der Kontrolle und Gegenkontrolle *(checks and balances)* im Land eingehalten wird. Dazu gehören insbesondere Mechanismen der Exekutive und der Legislative (z. B. deren Aufsichtsfunktion über Ausschüsse, Ermittlungsbefugnisse, Fragestunden usw.) sowie der Judikative. Ebenso gehört hierzu die Rolle unabhängiger Institutionen, wie Ombudsstellen, Ad-hoc-Kommissionen, Oberste Rechnungskontrollbehörden oder supranationale Organe.
- Administrative Rechenschaftspflicht: Ein solides System interner Kontrollen gewährleistet, dass Institutionen und Amtsträger*innen Aufgaben gemäß vereinbarter Leistungskriterien ausüben und Mechanismen verwenden, die Missbrauch reduzieren, die Einhaltung von Standards erhöhen und zur Leistungsverbesserung Weiterbildung fördern. Ziel ist es insbesondere, dass die internen Kontrollsysteme der Länder strategisch und präventiv operieren und das Risikomanagement voranbringen, um die administrative Rechenschaftslegung zu gewährleisten und Unzulänglichkeiten aufzudecken, die die Effizienz und Effektivität öffentlicher Institutionen beeinträchtigen können.

- Finanzielle Rechenschaftspflicht: Haushaltsführung bezeichnet den Prozess der Aufstellung des Jahreshaushalts, Überwachung des Haushaltsvollzugs und Sicherstellung seiner Ausrichtung an öffentlichen Zielen. Die Gewährleistung der Rechenschaftslegung im gesamten Haushaltszyklus kann potenziell zu einer effizienteren und effektiveren Dienstleistungserbringung beitragen.
- Gesellschaftliche Rechenschaftspflicht: Um das Vertrauen der Bürger*innen zurückzugewinnen, ist es von zentraler Bedeutung, dass die Stimmen der Bürger*innen Gehör finden und dass der Staat anerkennt, dass die Rolle der Bürger*innen in der Politikgestaltung das Verhältnis zwischen Staat und Bürger*innen verändert hat. Von Bedeutung sind insbesondere freie, gerechte und transparente Wahlen, das Parteiensystem eines Landes, die Existenz von Verfahren zur Einbindung der Bürger*innen, das Sozialkapital, die Rolle zivilgesellschaftlicher Organisationen und der Grad an Transparenz und Zugänglichkeit öffentlicher Informationen. Auch Medien und Journalismus spielen eine wichtige Rolle, um staatliche Stellen zur Rechenschaft zu ziehen, als "Aufpasser" zu fungieren und Informationen bereitzustellen.
- Politische Rechenschaftspflicht: Politikverantwortliche legen Rechenschaft ab mithilfe von Monitoringverfahren und der Evaluierung der Ergebnisse ihrer Politik sowie anhand rechtzeitig bereitgestellter sachdienlicher Leistungsdaten. Da Politikverantwortliche Rechenschaft abzulegen haben, besteht die Möglichkeit, aus früheren Erfahrungen zu lernen und zugleich eine stärkere Fokussierung auf eine evidenzbasierte Politikgestaltung zu fördern.

Rechtsstaatlichkeit ist eine Kernvoraussetzung für Rechenschaftslegung und einer der fundamentalen Werte, die die OECD-Mitgliedsländer in einer gemeinsamen Haltung einen (Like-Mindedness). Sie ist mit den anderen Aspekten der Governance – Rechenschaftslegung, Transparenz, Offenheit und Integrität – verknüpft und definiert deren wechselseitige Abhängigkeit. Im Ziel für nachhaltige Entwicklung (SDG) 16.3 werden die Länder aufgefordert, „Rechtsstaatlichkeit auf nationaler und internationaler Ebene zu fördern und gleichberechtigten Zugang zur Justiz für alle zu gewährleisten".

Effektive und effiziente Justizsysteme sind von entscheidender Bedeutung, um Rechtsstaatlichkeit und ein gutes Regierungs- und Verwaltungshandeln zu unterstützen - insbesondere im Hinblick auf die Leistung von Politik und Rechtssetzung. Beispielsweise hängt die Effektivität von Antikorruptionsmaßnahmen in einem Land davon ab, ob auf allen staatlichen Ebenen solide und zugängliche Justizinstitutionen existieren und der Rahmen insgesamt garantiert, dass ein jeder in der Gesellschaft vor dem Gesetz gleich ist und dass keine Einzelperson oder Gruppe aufgrund von Herkunft oder Hintergrund, sozioökonomischen Verhältnissen oder Beziehungen zu den Machtstrukturen der Gesellschaft eine Sonderbehandlung erfährt.

Das *Verfassungsrecht* hat im Hinblick auf die Konsolidierung und Erhaltung demokratisch geführter Staaten wichtige Funktionen. Es garantiert den Schutz individueller Rechte und Freiheiten, etabliert die Gewaltenteilung zwischen den Staatsgewalten und -organen und ermöglicht den Dialog zwischen Volk und Regierung.

Das *Verwaltungsrecht* ist eine der wichtigsten Schnittstellen zwischen der öffentlichen Verwaltung und dem Volk. Beispielsweise wird in der *Recommendation on Regulatory Policy and Governance* (OECD, 2012[27]) [OECD/LEGAL/0390] hervorgehoben, dass die Überprüfung der Rechtmäßigkeit ein Lackmustest guter Regulierungspraxis ist:

- Sie gewährleistet, dass Regulierungsbehörden ihre Autorität innerhalb ihrer rechtlichen Befugnisse ausüben.
- Sie bietet Regulierungsbehörden Anreize, für Best-Practice-Grundsätze und gutes Regierungs- und Verwaltungshandeln einzutreten.
- Sie schützt Regulierungsbehörden vor ungebührlicher Einflussnahme durch die Regierung.

- Sie stärkt das Vertrauen in und die Legitimität von Regulierung als Bestandteil der wirtschaftspolitischen Agenda.

Der Zugang zur Gerichtsbarkeit – und die Zufriedenheit mit deren Leistungen – fördern und stärken das Vertrauen in den Staat. Zugang zur Gerichtsbarkeit und rechtliches Empowerment sind wichtige Instrumente, um die Open-Government- und die Open-State-Agenda voranzubringen. Sie sorgen nämlich für eine stärkere gesellschaftliche Rechenschaftspflicht, Integrität des öffentlichen Sektors und ein inklusives Wachstum. Rechtliches Empowerment verleiht zivilgesellschaftlichem Engagement mehr Gewicht. Denn dadurch verstehen die Bürger*innen besser, dass Gesetze ihnen nicht nur ermöglichen, Ungerechtigkeiten in ihrem Leben zu begegnen, sondern auch, aktiv an der Gesetzgebung und ihrer Umsetzung zum Wohle der Gesellschaft mitzuwirken.

Ein solides und gut funktionierendes Rechts- und Justizsystem trägt zu einem dynamischen Geschäftsumfeld und längerfristigen Investitionsentscheidungen bei. Es fördert die Vertragseinhaltung, sorgt für niedrigere Transaktionskosten und gleiche Wettbewerbsbedingungen für alle Marktteilnehmer, indem es das Vertrauen in die „Spielregeln" erhöht, einen fairen Wettbewerb gewährleistet und die Eigentumsrechte schützt. Im *OECD Policy Framework for Investment* (PFI) wird hervorgehoben, dass Unternehmen und insbesondere KMU ihre Tätigkeiten in Staaten/Ländern in der Regel in Grenzen halten, in denen die Voraussetzungen für einen effektiven Zugang zur Gerichtsbarkeit nicht gegeben oder unzureichend sind (z. B. durch komplexe, kostenaufwendige, langwierige Verfahren) (OECD, 2015[28]).

Der Zugang zur Gerichtsbarkeit steht im Mittelpunkt der Strategien für ein inklusives Wachstum, die darauf abzielen, Politikergebnisse zu verbessern. Ein mangelndes rechtliches Empowerment und ein u. a. durch hohe Verfahrenskosten und erhebliche Wartezeiten bedingter ungleicher Zugang zur Gerichtsbarkeit ist für den Einzelnen und die Gesellschaft mit bedeutenden sozioökonomischen Kosten verbunden. Der Zugang zur Gerichtsbarkeit eröffnet einen gleichberechtigten Zugang zu Lebenschancen und öffentlichen Dienstleistungen. Gemäß dem *OECD Framework for Policy Action on Inclusive Growth* (2018[29]) ist der Zugang zur Gerichtsbarkeit eine entscheidende Grundvoraussetzung für die Befähigung der beteiligten Akteure, „in Menschen und Orte zu investieren, die ins Abseits geraten sind".

Werden die Bedürfnisse der Bürger*innen im Bereich Recht und Justiz nicht erfüllt (in Bezug auf Familienangelegenheiten, ethnische Fragen, Beschäftigung, Wohnverhältnisse, Gewalt gegen Frauen, Verbraucherfragen) kann sich dies negativ auf andere Bereiche des täglichen Lebens auswirken, wie Gesundheit, soziale Sicherheit und wirtschaftliches Wohlergehen. Mit der Erfüllung spezifischer Rechtsbedürfnisse sowie mit Rechtshilfeangeboten und Programmen für den Zugang zur Gerichtsbarkeit sind umgekehrt direkte und indirekte Vorteile verbunden, wie z. B. bessere Wohnbedingungen, mehr Teilhabe, ein erhöhter Verbraucherschutz, ein besserer finanzieller Schutz, weniger häusliche oder familiäre Gewalt sowie ein erleichterter Zugang zur Gesundheitsversorgung (Kasten 1.10).

Kasten 1.10. Erhebung über die Rechtsbedürfnisse in Kolumbien

Kolumbien hat bei seinen Bemühungen um Messung und Erfassung der Rechtsbedürfnisse der Bevölkerung mit einer umfassenden Befragung über die Rechtsbedürfnisse erhebliche Fortschritte erzielt. Diese Komponente wurde in die Erhebung zur Lebensqualität aufgenommen, die 2016 vom Nationalen Amt für Statistik und dem Nationalen Planungsamt Kolumbiens durchgeführt wurde. Sie baut auf Methoden und Erkenntnissen der zivilgesellschaftlichen Organisation Dejustica auf, die zuvor bereits eine Erhebung über die Rechtsbedürfnisse der städtischen Bevölkerung Kolumbiens durchgeführt hatte.

Auf der Basis der Erhebungsergebnisse erstellte Kolumbien den Index „effektiver Zugang zur Gerichtsbarkeit" (Effective Access to Justice Index) als Informationsgrundlage für seine langfristige Planung im Bereich der Justiz. Anhand dieses Index lässt sich messen und vergleichen, inwieweit die Regionen und Gebiete des Landes in der Lage sind, einen effektiven Zugang zur Gerichtsbarkeit zu gewährleisten. Gegenstand der Untersuchung sind sechs Parameter:

- ein günstiges Umfeld (keine strukturellen und institutionellen Hindernisse außerhalb des Justizsystems, die den Zugang beeinträchtigen)
- Rechtsfähigkeit
- Rechtshilfe
- faire Verfahren
- Einhaltung von Gerichtsentscheidungen
- Zugang zu Institutionen

Kolumbien arbeitet derzeit die nächste Erhebung über die Rechtsbedürfnisse aus, die 2020 als Modul der Umfrage über die Sicherheit der Bürger*innen durchgeführt werden soll. Ziel der Erhebung ist es, Daten auf nationaler und regionaler Ebene (sowohl im urbanen als auch im ländlichen Raum) zu erfassen, darunter auch in mehreren Provinzhauptstädten.

Quelle: OECD (2019[76]), *Equal Access to Justice for Inclusive Growth: Putting People at the Centre*, OECD Publishing, Paris, https://doi.org/10.1787/597f5b7f-en; OECD/Open Society Foundations (2019[77]), *Legal Needs Surveys and Access to Justice*, OECD Publishing, Paris, https://doi.org/10.1787/g2g9a36c-en; Informationen des Nationalen Planungsamts von Kolumbien.

Eine der bedeutendsten Trendentwicklungen in den OECD-Mitgliedsländern ist der Übergang zu einer **bürgernahen Justiz**. Dieses Leitbild setzt eine klare und leicht verständliche Sprache voraus, damit die Bürger*innen Gesetze und Rechtsdokumente verstehen können. Außerdem müssen Bürger*innen Zugang zu Rechts- und Justizdienstleistungen bekommen, die auf ihre Perspektive und Erfahrungen ausgerichtet sind. Dieses Leitbild trägt der Tatsache Rechnung, dass bestimmte Gruppen, insbesondere die Benachteiligten, u. U. zusätzliche Rechtsbedürfnisse haben und sich beim Zugang zu Justizdienstleistungen weiteren Schranken gegenübersehen.

Voraussetzung für einen effektiven Zugang zu Rechts- und Justizdienstleistungen sind förderliche Rahmenbedingungen für ein effektives und effizientes Justizsystem. Diese beinhalten u. a. ein wachsendes Spektrum (oder „Kontinuum") an Dienstleistungen, Prozessen und Verfahren. Sie umfassen in der Regel auch eine Rechtsarchitektur, institutionelle Regelungen und alternative Streitbeilegungsverfahren (spezialisierte Mediations- und Schlichtungsdienste, problemlösungsorientierte Gerichte, Anlaufstellen in Rechtsangelegenheiten usw.), ein strategisches Planungs- und Leistungsmanagement, Datenaustauschsysteme, Überwachungs- und Evaluierungssysteme und eine solide Personalausstattung in den entsprechenden (juristischen und außerjuristischen) Berufslaufbahnen. In der Tat hat das Bewusstsein für den engen Zusammenhang zwischen einem effektiven Zugang zur Gerichtsbarkeit und den allgemeinen sozioökonomischen Ergebnissen viele Länder dazu veranlasst, ihre Justiz- und Sozialdienste in einem ergebnisorientierten Ansatz zu koordinieren. Konkret wird sowohl den Rechtsbedürfnissen als auch den damit einhergehenden sozialen und gesundheitlichen Belangen der Bürger*innen Rechnung getragen (wie häusliche Gewalt, Drogen- und Alkoholkonsum, psychische Erkrankungen und Jugendkriminalität).

Beispiele empfehlenswerter Praktiken von OECD-Mitglieds- und Partnerländern veranschaulichen, dass bürgernahe Rechts- und Justizdienstleistungen nur in einem ganzheitlichen Ansatz konzipiert und bereitgestellt werden können. Dieser beruht auf einer effektiven Koordination zwischen strategischen Schwerpunktbereichen, durch die der Einsatz der verfügbaren Ressourcen in einer Weise optimiert wird, die dem spezifischen politischen, sozioökonomischen und leistungsbezogenen Umfeld des Landes am besten gerecht wird. Dieser Ansatz setzt folgende Elemente voraus:

- Die *systematische Ermittlung, Messung und Erfassung von Rechtsbedürfnissen,* um bestimmen zu können, wer, wo (auf nationaler, subnationaler und lokaler Ebene) Bedarf an rechtlicher Unterstützung hat, zusammen mit Art und Umfang dieser Bedürfnisse. Um Politikverantwortlichen einen

Überblick über den tatsächlichen Umfang der Rechtsbedürfnisse der Bürger*innen zu verschaffen, sowie darüber, welche Lösungswege die Bürger*innen beschreiten, führen einige OECD-Mitgliedsländer Erhebungen der Rechtsbedürfnisse durch, die sie mit unterschiedlichen Verwaltungsdaten kombinieren.

- Die *Konzipierung und Erbringung bürgernaher Rechts- und Justizdienstleistungen*, die erkannte Rechtsbedürfnisse auf gezielte und gerechte Weise erfüllen. Die Praxis in OECD-Mitgliedsländern zeigt, dass Rechts- und Justizdienstleistungen bürgernah und effektiv sind, wenn sie inklusiv ausgerichtet sind und sowohl der allgemeinen Bevölkerung als auch spezifischen, besonders schutzbedürftigen Gruppen offenstehen, wenn sie verzugslos erbracht werden, zur Stärkung der Teilhabe beitragen sowie proaktiv, präventiv, zeitnah und vor allem ergebnisorientiert sind.
- Die *Auswahl eines datengestützten Konzepts*, um Messgrößen für Nachfrage, Angebot und Ergebnisse zu ermitteln. Dies erleichtert die Erbringung von Justizdienstleistungen in einer Weise, die die relativen Kosten verschiedener Strategien optimiert, alternative Finanzierungsmöglichkeiten zur Erreichung gewünschter Ziele für bestimmte Bevölkerungsgruppen ermittelt und ein gutes Kosten-Nutzen-Verhältnis sicherstellt. Dazu können mehrere Evaluierungsmethoden (wie Kosten-Effektivitäts-Analysen, Kosten-Nutzen-Analysen, ökonomische Wirkungsanalysen) genutzt werden.

Abbildung 1.3. Planung eines effektiven Zugangs zur Gerichtsbarkeit: Funktionierende Praktiken bei Konzipierung und Erbringung

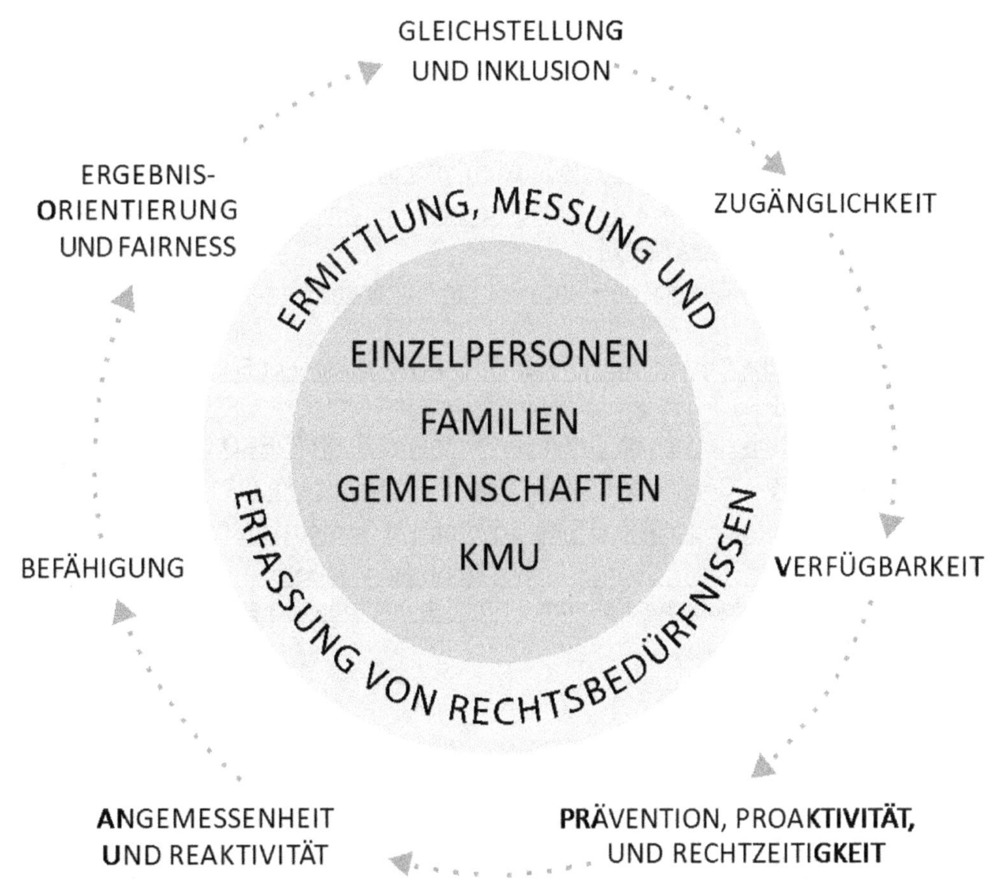

Quelle: OECD (2019), *Equal Access to Justice for Inclusive Growth: Putting People at the Centre*, OECD Publishing, Paris, https://dx.doi.org/10.1787/597f5b7f-en.

Kernfragen

- Welche Mechanismen wurden eingerichtet, um sicherzustellen, dass die öffentlichen Stellen im Namen der Bürger*innen gegenseitig rechenschaftspflichtig sind und dass das System der Kontrolle und Gegenkontrolle im Land eingehalten wird?
- Welche Mechanismen sind eingerichtet worden, um die Praxis der Akteursbeteiligung zu fördern und zu schützen, darunter insbesondere die Einbeziehung von Bürger*innen, zivilgesellschaftlichen Organisationen und Medien, um die Rechenschaftspflicht des Staates zu garantieren?
- Existiert ein systematisches Verfahren zur Erfassung von Rechtsbedürfnissen und -erfahrungen, um zu verstehen, ob und wie den Bedürfnissen unterschiedlicher Bevölkerungsgruppen in allen Teilen eines Landes durch ein angemessenes Leistungsangebot begegnet wird?
- Gibt es effektive vertikale (zwischen verschiedenen Verwaltungsebenen) und horizontale (zwischen verschiedenen Organen der Rechtspflege, insbesondere den Gerichten) Koordinations- und Kommunikationskanäle zur Förderung guten Verwaltungshandelns und gegenseitiger Abstimmung?
- Sind Datenverwaltungs- oder -austauschsysteme vorhanden, die auf gemeinsamen Datenprotokollen und -standards beruhen und formale, wie nicht formale rechtliche und juristische Dienstleistungen erfassen? Stehen diese Informationen der Öffentlichkeit zur Verfügung?

Zusätzliche Ressourcen

OECD-Rechtsinstrumente:

- Recommendation of the Council on Public Integrity (2017) [OECD/LEGAL/0435], deutsche Fassung: Empfehlung des Rates zu Integrität im öffentlichen Leben (2017)
- Recommendation of the Council on Guidelines for Managing Conflict of Interest in the Public Service (2003) [OECD/LEGAL/0316]
- Recommendation of the Council on Principles for Transparency and Integrity in Lobbying (2010) [OECD/LEGAL/0379]
- Recommendation of the Council for Further Combating Bribery of Foreign Public Officials (2009) [OECD/LEGAL/0378]
- Recommendation of the Council on Open Government (2017) [OECD/LEGAL/0438]
- Recommendation of the Council on Gender Equality in Public Life (2015) [OECD/LEGAL/0418]
- Recommendation of the Council on Digital Government Strategies (2014) [OECD/LEGAL/0406]
- Recommendation of the Council on Regulatory Policy and Governance (2012) [OECD/LEGAL/0390], deutsche Fassung: Empfehlung des Rates zu Regulierungspolitik und Governance (2012)

Weitere einschlägige OECD-Ressourcen:

- G20/OECD Compendium of good practices on the use of open data for Anti-corruption (2017)
- Behavioural Insights for Public Integrity - Harnessing the Human Factor to Counter Corruption (2018)
- Education for Integrity - Teaching on Anti-Corruption, Values and the Rule of Law (2018)
- Government at a Glance (2017)
- Integrity Framework for Public Investment (2016)
- Investing in Integrity for Productivity (2016)

- Financing Democracy - Funding of Political Parties and Election Campaigns and the Risk of Policy Capture (2016)
- Supreme Audit Institutions and Good Governance: Oversight, Insight and Foresight (2016)
- Lobbyists, Governments and Public Trust, Volume 3: Implementing the OECD Principles for Transparency and Integrity in Lobbying (2014)
- Managing Conflict of Interest in the Public Sector - A Toolkit (2005)
- Open Government: Globaler Kontext und Perspektiven für offenes Regierungs- und Verwaltungshandeln (2018)
- Citizens as Partners: OECD Handbook on Information, Consultation and Public Participation in Policy-Making (2001)
- OECD Toolkit for Implementing and Mainstreaming Gender Equality (2018)
- OECD Best Practice Principles on Stakeholder Engagement in Regulatory Policy (erscheint demnächst)
- Youth Stocktaking Report (2018)
- Opportunities for All: A Framework for Policy Action on Inclusive Growth (2018)
- OECD-Open Society Foundations Guide on Legal Needs Surveys and Access to Justice (2019)
- Building a Business Case for Access to Justice (2019)

Literaturverzeichnis

Agency for Modernisation, Local Government Denmark und Danish Regions (2017), *Code of conduct in the Public Sector*, https://modst.dk/media/18742/code-of-conduct-in-the-public-sectorforside.pdf. [15]

Ministry of Finance (Dänemark) (2015), *Seven key duties for civil servants in central government – Code VII*, https://modst.dk/media/17483/kodex_vii_english_version.pdf. [16]

Mor, F. (2019), “Registers of beneficial ownership”, *Briefing Paper*, No. 8259, House of Commons Library, London, https://researchbriefings.files.parliament.uk/documents/CBP-8259/CBP-8259.pdf. [21]

Murtin, F. et al. (2018), “Trust and its determinants: Evidence from the Trustlab experiment”, *OECD Statistics Working Papers*, No. 2018/2, OECD Publishing, Paris, https://dx.doi.org/10.1787/869ef2ec-en. [8]

OECD (2019), *Recommendation of the Council on Public Service Leadership and Capability*, OECD, Paris, https://legalinstruments.oecd.org/en/instruments/OECD-LEGAL-0445. [9]

OECD (2019), *Equal Access to Justice for Inclusive Growth: Putting People at the Centre*, OECD Publishing, Paris, https://dx.doi.org/10.1787/597f5b7f-en. [76]

OECD (2018), *Behavioural Insights for Public Integrity: Harnessing the Human Factor to Counter Corruption*, OECD Public Governance Reviews, OECD Publishing, Paris, https://dx.doi.org/10.1787/9789264297067-en. [14]

OECD (2018), *Education for Integrity: Teaching on Anti-Corruption, Values and the Rule of Law*, OECD, Paris, https://www.oecd.org/governance/ethics/education-for-integrity-web.pdf. [17]

OECD (2018), *Open Government: Globaler Kontext und Perspektiven für offenes Regierungs- und Verwaltungshandeln*, OECD Publishing, Paris, https://doi.org/10.1787/9789264290655-de. [23]

OECD (2018), *Opportunities for All: A Framework for Policy Action on Inclusive Growth*, OECD Publishing, Paris, https://dx.doi.org/10.1787/9789264301665-en. [29]

OECD (2018), *Youth Stocktaking Report*, OECD, Paris, https://www.oecd.org/gov/youth-stocktaking-report.pdf. [24]

OECD (2017), *Recommendation of the Council on Public Integrity*, OECD, Paris, https://legalinstruments.oecd.org/en/instruments/OECD-LEGAL-0435; deutsche Fassung: OECD (2017), *Empfehlung des Rates zu Integrität im öffentlichen Leben*, OECD, Paris, http://www.oecd.org/gov/ethics/Recommendation-integrity-DE.pdf. [11]

OECD (2017), *Recommendation of the Council on Open Government*, OECD, Paris, https://legalinstruments.oecd.org/en/instruments/OECD-LEGAL-0438. [22]

OECD (2017), *Trust and Public Policy: How Better Governance Can Help Rebuild Public Trust*, OECD Public Governance Reviews, OECD Publishing, Paris, https://dx.doi.org/10.1787/9789264268920-en. [7]

OECD (2016), *Supreme Audit Institutions and Good Governance: Oversight, Insight and Foresight*, OECD Public Governance Reviews, OECD Publishing, Paris, https://dx.doi.org/10.1787/9789264263871-en. [18]

OECD (2015), *Policy Framework for Investment, 2015 Edition*, OECD Publishing, Paris, https://dx.doi.org/10.1787/9789264208667-en. [28]

OECD (2015), *Recommendation of the Council on Budgetary Governance*, OECD, Paris, https://legalinstruments.oecd.org/en/instruments/OECD-LEGAL-0410. [48]

OECD (2015), *Recommendation of the Council on Gender Equality in Public Life*, OECD, Paris, https://legalinstruments.oecd.org/en/instruments/OECD-LEGAL-0418. [25]

OECD (2014), *Recommendation of the Council on Digital Government Strategies*, OECD, Paris, https://legalinstruments.oecd.org/en/instruments/OECD-LEGAL-0406. [31]

OECD (2012), *Recommendation on Regulatory Policy and Governance,* OECD, Paris, https://legalinstruments.oecd.org/en/instruments/OECD-LEGAL-0390; deutsche Fassung: OECD (2012), *Empfehlung des Rates zu Regulierungspolitik und Governance*, OECD, Paris, https://doi.org/10.1787/9789264209053-de. [27]

OECD (2010), *Recommendation of the Council on Principles for Transparency and Integrity in Lobbying*, OECD, Paris, https://legalinstruments.oecd.org/en/instruments/OECD-LEGAL-0379. [19]

OECD (2009), *Focus on Citizens: Public Engagement for Better Policy and Services*, OECD Studies on Public Engagement, OECD Publishing, Paris, https://dx.doi.org/10.1787/9789264048874-en. [26]

OECD (2009), *Recommendation of the Council for Further Combating Bribery of Foreign Public Officials in International Business Transactions*, OECD, Paris, https://legalinstruments.oecd.org/en/instruments/OECD-LEGAL-0378. [12]

OECD (2004), *Managing Conflict of Interest in the Public Service: OECD Guidelines and Country Experiences*, OECD Publishing, Paris, https://doi.org/10.1787/9789264104938-en. [20]

OECD/Open Society Foundations (2019), *Legal Needs Surveys and Access to Justice*, OECD Publishing, Paris, https://dx.doi.org/10.1787/g2g9a36c-en. [77]

Schickora, J. (2011), “Bringing the Four-Eyes-Principle to the Lab”, *Discussion Papers in Economics*, No. 2011-3, https://epub.ub.uni-muenchen.de/12160/1/The4EP_Schikora.pdf. [13]

Vereinte Nationen (2018), *Principles of effective governance for sustainable development*, Wirtschafts- und Sozialrat, Official Records 2018, Supplement No. 24, E/2018/44-E/C.16/2018/8, para. 31, https://publicadministration.un.org/Portals/1/Images/CEPA/Principles_of_effective_governance_english.pdf. [6]

2 Erfolgsfaktoren für gutes Verwaltungs- und Regierungshandeln

Dieses Kapitel betrachtet eine Reihe von Erfolgsfaktoren, die zusammen mit Governance-Werten zu einem wirkungsvollen Verwaltungs- und Regierungshandeln sowie zu Verbesserungen in Bezug auf die Festlegung und Umsetzung gesamtstaatlicher Politik- und Governance-Reformen beitragen können. Dabei werden vier Felder benannt, und zwar Engagement, Weitsicht und Führungskultur, gerechte und evidenzbasierte Politikgestaltung, ressortübergreifende Koordinierung sowie Changemanagement und Innovation. Wahrscheinlich werden diese Prinzipien in keiner Politik- oder Reforminitiative perfekt und systematisch angewandt, dennoch wird in diesem Kapitel die These vertreten, dass ihre Umsetzung dazu beitragen kann, die Art und Weise wie staatliche Stellen Entscheidungen treffen und Reformen angehen, substanziell zu verändern.

Die Herausforderungen, vor der die Politik steht, werden immer komplexer und vielschichtiger. Gleichzeitig sind sie durch die Globalisierung und eine stärkere gegenseitige Abhängigkeit zwischen den Staaten auch zunehmend enger miteinander verknüpft. Kennzeichnend für die zu bewältigenden Aufgaben in Bezug auf Klimawandel, Migration und Ungleichheit sind eine wachsende Unsicherheit, zunehmende Komplexität sowie interdependente Prozesse, Strukturen und Akteure. In diesem schwer vorhersehbaren Umfeld stehen die Regierungen unter Druck, bessere Maßnahmen und Dienstleistungen zu konzipieren und umzusetzen, müssen zugleich aber auch die beispiellos schwierige Aufgabe der Haushaltskonsolidierung in den Griff bekommen. Dazu kommt außerdem ein Vertrauensschwund auf Werte unter dem nach der Finanzkrise von 2008 verzeichneten Niveau. Vertrauen lässt sich nicht so leicht wiederherstellen, wenn Reformen in der Bevölkerung als ineffizient wahrgenommen werden und der Eindruck besteht, dass den Bedürfnissen der Verlierer gegenüber den Vorteilen der Gewinner nicht hinreichend Rechnung getragen wird (OECD, 2017[1]).

Erkenntnisse, die die OECD aus ihren Erfahrungen mit der Unterstützung von Reformbemühungen in Mitglieds- und Partnerländern gezogen hat, legen den Schluss nahe, dass Reformen häufig eher als Mittel für Einsparungen und nicht als Instrument zur Bewältigung politischer Herausforderungen wahrgenommen werden. Public Governance ist ein politischer Prozess, in dem der Staat nicht unbedingt ein monolithischer Entscheidungsträger ist und vielfältige Interessen eine Rolle spielen. Dabei richten sich die Parameter für die Politikgestaltung und die Reform des Verwaltungs- und Regierungshandelns danach, wie öffentliche Entscheidungen getroffen werden, welche Informationen verwendet werden und wie Interessen im Hintergrund der Entscheidungen zusammenspielen. Mit zunehmender Interdependenz lassen sich Ergebnisse, Kompromisse sowie Reformgewinner*innen und -verlierer*innen immer schwieriger identifizieren, was eine erfolgreiche Politikgestaltung zusätzlich erheblich erschwert.

Die Länder müssen sich den neuen Herausforderungen für den öffentlichen Sektor anpassen. Dies erfordert möglicherweise große Veränderungen in den Verwaltungsabläufen, institutionellen Strukturen und Governance-Kulturen, die bereits seit Jahrzehnten (und in manchen Fällen Jahrhunderten) bestehen. Um mit Komplexität und Unsicherheit, sich überschneidenden Politikzyklen und einer größeren Nachfrage nach externer Mitsprache umzugehen, setzen einige Staaten verstärkt auf Agilität, Experimente, Bottom-up-Innovationen sowie Testen und Skalieren. Allerdings besteht neben dem Bedarf an neuen innovativen Ansätzen gleichzeitig die Notwendigkeit fort, den klassischen Anforderungen an die staatliche Verwaltung als Dienstleistungserbringer gerecht zu werden. Wie können staatliche Stellen diesen Transformationsprozess unter diesen Rahmenbedingungen planen und umsetzen? Wie können Bürger*innen und Staat sicher sein, dass hinter diesen Transformationen eine echte Problemlösebereitschaft steht? Und wie können sie zugleich komplexen Politikherausforderungen begegnen und einen effektiveren Reformprozess auf den Weg bringen?

Auf diese Fragen gibt es keine endgültigen Antworten. Die Länder suchen noch immer nach neuen Mechanismen für einen besseren Umgang mit komplexen Sachverhalten und der Zivilgesellschaft. Parallel dazu fordern die Bürger*innen weiterhin effektivere Möglichkeiten der Repräsentation und Teilhabe. Es wurden allerdings auch schon wichtige Maßnahmen ergriffen, um den Reform- und Transformationsprozess effektiver anzugehen:

- Die **Entwicklung einer Führungskultur** in der Politik und dem öffentlichen Dienst ist von entscheidender Bedeutung, um Veränderungen auf allen Ebenen der öffentlichen Verwaltung und darüber hinaus zu fördern und voranzutreiben. Außerdem sind Reformen in der Regel wirksamer, wenn sie zur Verwirklichung eines gemeinsamen **Leitbilds** im Interesse aller beitragen, es sich also nicht um Einzelmaßnahmen handelt, die immer die gleichen Gewinner*innen und Verlierer*innen hervorbringen (OECD, 2014[30]).
- Reformen sind in der Regel am effizientesten, wenn sich die höchste Politik- und Verwaltungsebene nachhaltig **verpflichtet**, ihre wirksame Umsetzung und Tragfähigkeit zu gewährleisten.

- Öffentliche Entscheidungen sollten sozial gerecht und stets mit dem festen Willen getroffen werden, dem Gemeinwohl zu dienen. Eine evidenzbasierte Entscheidungsfindung kann bei der Verbesserung der Konzeption, Umsetzung und Evaluierung öffentlicher Maßnahmen daher eine Schlüsselrolle spielen. Das bedeutet auch, dass die staatlichen Stellen zur Optimierung von Rechenschaftslegung, Reaktivität und Integrität des Staats die Meinungen der betroffenen Akteur*innen an allen Schaltstellen des Politikzyklus proaktiv einholen sollten, wie dies in Kapitel 1 hervorgehoben wurde.
- Für einen integrierten und innovativen Reformansatz müssen die traditionellen administrativen Schranken, die der Gestaltung, Umsetzung und Evaluierung der Ergebnisse multidimensionalen Politikhandelns im Wege stehen, durch eine solide, nachhaltige **ressortübergreifende Koordinierung** zwischen verschiedenen Politikbereichen, internen administrativen Silos und Verwaltungsebenen überwunden werden.
- In erfolgreichen Reformen haben **Innovation und Erprobung für ein erfolgreiches Changemanagement** im Zeitverlauf ebenfalls hohe politische und institutionelle Priorität, um agilere und bürgernähere Einrichtungen zu schaffen.

Aller Wahrscheinlichkeit nach werden diese Praktiken in keiner Politik- oder Reforminitiative einwandfrei und systematisch angewandt. Denn politisch Verantwortliche haben in der Regel mit alltäglichen Dringlichkeiten zu tun, die ihnen wenig Spielraum lassen für Gespräche zur Förderung einer effektiven Koordinierung, für die Erprobung oder Entwicklung innovativer Ansätze oder für eine nachhaltige Einbindung der betroffenen Akteur*innen. Dennoch kann eine schrittweise Übernahme dieser Praxis dazu beitragen, den Umgang der öffentlichen Verwaltung mit Veränderungsprozessen grundlegend neu zu gestalten. Künftige Ausgaben des Eckpunktepapiers werden konkretere stufenweise Anleitungen sowie Hinweise zu Erfolgsfaktoren für Reformprozesse enthalten, z. B. in Form von Toolkits zur Umsetzung oder Reifegradmodellen.

Abbildung 2.1. Erfolgsfaktoren für Reformen und gutes Verwaltungs- und Regierungshandeln

Quelle: Autorenbeitrag.

Engagement, Leitbild und Führungskultur

Engagement auf höchster politischer Ebene – proportional zur Bedeutung der Reform – ist für eine erfolgreiche Reformumsetzung von entscheidender Bedeutung. Ohne Reformbereitschaft auf höchster politischer Ebene finden Führungskräfte in der öffentlichen Verwaltung nur schwer Anreize, um mittelfristige Reforminitiativen zu verfolgen, da sie ihre alltäglichen Aufgaben zu bewältigen und zugleich dringende, kurzfristige Probleme zu lösen haben.

Regierungsstellen können in diesem Bereich Führungsstärke unter Beweis stellen, indem sie ein starkes politisches Bekenntnis für eine bessere Governance zum Ausdruck bringen und den politischen Willen zeigen, diesen Ansatz in Bezug auf Regulierung, Geschlechtergleichstellung im öffentlichen Leben, digitale Verwaltung und Integrität zu stützen und mitzutragen.

- In der *Recommendation on Regulatory Policy and Governance* [OECD/LEGAL/0390] wird empfohlen, dass sich die Unterzeichner auf höchster politischer Ebene ausdrücklich zu einer ebenen- und ressortübergreifenden Politik zur Steigerung der Regulierungsqualität verpflichten (OECD, 2012[27]).
- Die *Recommendation on Gender Equality in Public Life* [OECD/LEGAL/0418] schlägt vor, dass die Teilnehmerstaaten sowohl auf höchster politischer Ebene als auch auf der jeweils zuständigen Verwaltungsebene Führungsstärke und Engagement zeigen, um eine ressortübergreifende Strategie für eine effektive Gleichstellung der Geschlechter und ein wirksames Gender Mainstreaming zu konzipieren und umzusetzen (OECD, 2015[25]).
- In der *Recommendation on Digital Government Strategies* [OECD/LEGAL/0406] wird empfohlen, dass die Unterzeichnerländer ihre Anstrengungen bündeln, um das Einstehen der politischen Führung für die Strategie zu garantieren. Ziel der Anstrengungen ist es, eine ressortübergreifende Koordinierung und Zusammenarbeit zu fördern, Prioritäten zu setzen und die ebenenübergreifende Einbeziehung relevanter staatlicher Stellen und deren Abstimmung untereinander bei der Umsetzung der digitalen staatlichen Agenda zu erleichtern (OECD, 2014[31]).
- Die *Recommendation on Public Integrity* [OECD/LEGAL/0435] empfiehlt, dass die teilnehmenden Staaten auf höchster Politik- und Verwaltungsebene ihr Bekenntnis zu Integrität und Korruptionsbekämpfung im öffentlichen Sektor zum Ausdruck bringen (2017[11]).

Das **Regierungszentrum** (Kasten 2.1) kann eine wichtige Rolle dabei spielen, den Reformgedanken in allen Bereichen der öffentlichen Verwaltung systematisch zu berücksichtigen. In OECD-Mitgliedsländern kommt dem Regierungszentrum bei der Verfolgung strategischer Prioritäten eine zunehmend wichtige Rolle zu. Diese steht in engem Zusammenhang mit den wachsenden Zuständigkeiten des Regierungszentrums bei der Ressortabstimmung (vgl. Abschnitt 2.3.). Dem *OECD Survey on the Organisation and Functions of Centres of Government* und dem Centre-Stage-Bericht zufolge, spielt das Regierungszentrum häufig eine wichtige Rolle, wenn es um die zeitweilige Steuerung sensibler und/oder struktureller Reformen der öffentlichen Verwaltung geht, insbesondere in deren Anfangsphase (OECD, 2018[32]). Diese vorübergehende Aufgabenübernahme kann sowohl innerhalb des öffentlichen Sektors als auch in der Öffentlichkeit ein klares Signal politischen Engagements aussenden. Dies war in einigen OECD-Ländern mit E-Government-Strategien und Initiativen zur Reduzierung des Verwaltungsaufwands der Fall (OECD, 2014[33]).

Kasten 2.1. Was ist unter Regierungszentrum zu verstehen?

Die strategische Rolle des Regierungszentrums hat im vergangenen Jahrzehnt an Bedeutung gewonnen. Gründe hierfür sind die zunehmende Komplexität politischer Entscheidungen, die Notwendigkeit ressortübergreifender Strategieplanung und -umsetzung, das strategische Monitoring der Regierungsarbeit auf mittlere Sicht und das Management strategischer Fragen.

Das Regierungszentrum ist das Organ bzw. die Gruppe von Organen, die den*die Regierungschef*in und den Ministerrat bzw. das Kabinett direkt unterstützt und berät. Aufgabe des Regierungszentrums ist es, die Konsistenz und Sorgfalt staatlicher Entscheidungen sicherzustellen und eine evidenzbasierte, strategische und kohärente Politik zu fördern (OECD, 2014[33]).

Das Konzept des Regierungszentrums bezieht sich nicht explizit auf eine bestimmte Organisationsstruktur: Die Institutionen sind von Land zu Land unterschiedlich. Sie hängen von der verfassungsmäßigen Ordnung, dem politischen System, der Verwaltungsstruktur des Landes, äußeren Rahmenbedingungen und historischen Faktoren und sogar von der Persönlichkeit des*der Regierungschef*in ab. Aus diesem Grund können erweiterte Definitionen des Regierungszentrums auch Stellen oder Behörden umfassen, die ressortübergreifende staatliche Kernfunktionen wahrnehmen, wie Finanz- und Planungsministerien, selbst wenn sie dem*der Staats- oder Regierungschef*in und dem Kabinett nicht direkt unterstehen bzw. diesem zuarbeiten.

Quelle: OECD (2014[33]) *Centre Stage, Driving Better Policies from the Centre of Government*, https://www.oecd.org/gov/Centre-Stage-Report.pdf; Alessandro, M, et al. (Alessandro, Lafuente und Santiso, 2013[34]) *The Role of the Center of Government: a Literature Review*, Institutions for Development, Technical Note, IDB-TN-581, IDB, Washington, DC, https://publications.iadb.org/handle/11319/5988.

Ein umfassendes Bekenntnis des Staats zu bestimmten Themen kommt in der Regel in einem **Leitbild** zum Ausdruck. Wie dem *Centre-Stage*-Bericht über die Rolle des Regierungszentrums bei der Förderung besserer Politik zu entnehmen ist, haben nahezu alle OECD-Mitgliedsländer in der einen oder anderen Form ein Konzept mit einem strategischen Leitbild entwickelt. In dieser Hinsicht haben die Erfahrungen, die die OECD in ihren Länderprüfungen gesammelt hat, gezeigt, dass Staaten ihr Handeln kohärenter gestalten können, wenn sie in der Lage sind, ihre strategischen Leitbilder zu definieren, umzusetzen, nach innen und außen zu kommunizieren und damit Staat, Zivilgesellschaft, Privatsektor und Bürger*innen auf ein gemeinsames Ziel auszurichten (OECD, 2011[78]).

Wie diese Leitbilder formuliert und in spezifischen lang- bzw. mittelfristigen Strategien und Entscheidungen umgesetzt werden, ist ein wichtiger Prozess. Er trägt dazu bei, Prioritäten und Ziele sowie Art und Umfang der Reformen zu definieren. Er stützt die Argumentation für eine bessere Koordinierung als Mittel zur Zielerreichung. Strategische Vorausschau, Früherkennung und der Austausch über Zukunftsalternativen mit betroffenen Akteur*innen sind verschiedene Instrumente, die Staaten bei der Erarbeitung eines Leitbilds unterstützen können, das Tendenzen und möglichen Szenarien Rechnung trägt. Offene Leitbildprozesse und Planungsverfahren, die betroffene Akteur*innen als festen Bestandteil einbeziehen, können die politische Entscheidungsfindung legitimieren und ein wirksames Instrument darstellen, um die Nachhaltigkeit von Reformen sicherzustellen (OECD, 2018[23]).

In diesem Zusammenhang ist auch die **Führungskultur im öffentlichen Dienst** für den Erfolg von Reformen für gutes Verwaltungs- und Regierungshandeln von entscheidender Bedeutung. Das Konzept der Führungskultur im öffentlichen Sektor bezieht sich auf Führungskräfte im öffentlichen Dienst, die auf höchster hierarchischer Ebene Entscheidungen treffen und Einfluss ausüben. Angesichts der heutigen komplexen politischen und strategischen Herausforderungen wird von Führungskräften im öffentlichen Sektor erwartet, dass sie über administrative Grenzen und ressortpolitische Silos hinaus effektiv zusammenarbeiten. Dabei sollen sie redlich und gewissenhaft rasche Veränderungen der Politikagenda unterstützen und auf unvorhersehbare Entwicklungen agil reagieren. Da Spitzenbeamt*innen Strategieentwicklung und -umsetzung in der Regel miteinander verknüpfen, sollten Staaten in den Aufbau einer werteorientierten Führungskultur im öffentlichen Sektor investieren, deren Ziel vor allem darin besteht, die Ergebnisse für die Gesellschaft zu verbessern. Führungskräfte in der öffentlichen Verwaltung können an einer effektiven Politikgestaltung und -umsetzung mitwirken, indem sie sich auf ihr institutionelles Wissen und ihre Erfahrungen stützen, um zu einer evidenzbasierten Entscheidungsfindung beizutragen.[3] Investitionen in die Führungskultur sind unabhängig vom Verwaltungsfeld oder Politikthema ein wichtiger Katalysator für effektive Reformen. Sie umfassen auch die Einrichtung wirksamer Systeme für die Ernennung von Spitzenbeamt*innen und Dienststellenleiter*innen nach dem Wettbewerbs- und Leistungsprinzip.

In Anerkennung der entscheidenden Rolle, die diesen wichtigen Akteur*innen zukommt, wird den Teilnehmerstaaten in der *OECD Recommendation on Public Service Leadership and Capability* (OECD, 2019[9]) [OECD/LEGAL/0445] insbesondere empfohlen, im öffentlichen Sektor Führungskapazitäten aufzubauen. Nach den in der Empfehlung enthaltenen Leitlinien sind die Staaten gehalten

- die Erwartungen, die an Spitzenbeamt*innen gestellt werden, klar zu formulieren. Diese sollen politisch neutrale Leiter*innen öffentlicher Einrichtungen sein, die verlässlich die Prioritäten der Regierung umsetzen und die höchsten Integritätsstandards ohne Angst vor politisch motivierten Vergeltungsmaßnahmen wahren und verkörpern. Entsprechend ist es notwendig, dass diese Erwartungen gesetzlich verankert werden und sichergestellt wird, dass sie eingehalten werden und dies regelmäßig überwacht wird. Desgleichen sollten Interessenkonflikte systematisch gemeldet und in klaren Verfahren geregelt werden.
- geeignete Personen nach leistungsbezogenen Kriterien und in transparenten Verfahren für diese Positionen auszuwählen und mit ihnen zu besetzen sowie sie für ihre Leistungen mit angemessenen Mitteln rechenschaftspflichtig zu machen. Mit anderen Worten sollten Leistungsmanagementmechanismen für Führungskräfte eingeführt und in das Governance-System integriert werden.
- sicherzustellen, dass Spitzenbeamt*innen über den Auftrag, die Kompetenzen und Voraussetzungen verfügen, um neutral und evidenzbasiert Stellung zu beziehen und der Staatsführung die Wahrheit zu sagen.
- die Führungskapazitäten der aktuellen und potenziellen Spitzenbeamt*innen auszubauen.
- Die *OECD Recommendation on Public Integrity* (2017[11]) [OECD/LEGAL/0435] legt Einrichtungen des öffentlichen Sektors ferner nahe, in eine integre Führungskultur zu investieren, um ihr Bekenntnis zu Integrität deutlich zu machen.

Kernfragen

- Hat der Staat bei der Festlegung und Umsetzung einer wichtigen Reforminitiative explizite institutionelle Maßnahmen ergriffen, um sein nachhaltiges Engagement auf höchster Politik- und Verwaltungsebene unter Beweis zu stellen?
- Wie kann die Verwaltung die Regierung dabei unterstützen, dieses Engagement für gutes Verwaltungs- und Regierungshandeln innerhalb und außerhalb der Verwaltung zu vermitteln?
- Verfügt die Regierung über mittel- bis langfristige Leitbilder und Ziele sowie einen klaren institutionellen Auftrag und finanzielle Ressourcen, um diese zu erfüllen?
- Wurden Spitzenbeamte*innen klar darauf hingewiesen, dass sie das individuelle und kollektive Leistungsmanagement fördern sollen? Investiert der Staat in Kompetenzen, um im öffentlichen Sektor Führungskapazitäten aufzubauen?
- Verwendet die Regierung siloübergreifende Koordinierungsinstrumente oder -mechanismen, um sicherzustellen, dass die Maßnahmen und Entscheidungen einzelner Teile der Verwaltung auf die Hauptziele der Regierung abgestimmt sind, um damit eine stärkere Kohärenz staatlichen Handelns zu gewährleisten?

Ausgewogene und evidenzbasierte Politikgestaltung

Politikgestaltung und fachliche Entscheidungsfindung sind nicht gleichzusetzen. Politikgestaltung bedeutet in der Regel die Suche nach Kompromissen zwischen konkurrierenden gesellschaftlichen Werten und unterschiedlichen Interessen (Parkhurst, 2017[35]). Doch bilden ein effektives und effizientes Politikmanagement und fachliche Entscheidungsprozesse im allgemeinen öffentlichen Interesse den Kern guten Verwaltungs- und Regierungshandelns. Wie öffentliche Entscheidungen getroffen werden, welche Interessen hinter diesen Entscheidungen stehen und welche Ziele sie verfolgen, all dies sind Parameter, die den Entwurf und die Umsetzung von Reformen für ein gutes Verwaltungs- und Regierungshandeln bestimmen. Trotz der unterschiedlichen Merkmale und Funktionsweisen politischer Systeme sollte das Bekenntnis zum Gemeinwohl bei der öffentlichen Entscheidungsfindung immer im Vordergrund stehen. Dies spiegelt sich in der Formulierung im Begriff **ausgewogene Politikgestaltung** wider.

Mangelt es in Entscheidungsprozessen an Transparenz und Integrität, können Lobbyismus und sonstige Praktiken der Einflussnahme zum Zuge kommen – mit dem Ziel der Abkehr der Politik vom Gemeinwohl. Mächtige Interessen können die staatliche Entscheidungsfindung enorm unter Druck setzen, wenn sie bestimmen, wie und für wen unsere Gesellschaft arbeitet. Im Ergebnis ist die Politik einseitig ausgerichtet und bleibt unter ihren Möglichkeiten. Echte Fortschritte zur Bewältigung politischer Kernherausforderungen im Interesse der Öffentlichkeit werden untergraben. Dies kann zu einem bedeutenden Hindernis zur Erreichung der Ziele für nachhaltige Entwicklung (SDG) werden. Um diesen Gefahren vorzubeugen, müssen verzerrte Entscheidungsprozesse korrigiert werden.

Für die Gewährleistung ausgewogener Entscheidungen kommt es daher entscheidend darauf an, unzulässigen Einfluss von Interessengruppen zu verhindern. Wenn staatliche Stellen auf Kosten des Gemeinwohls Festlegungen zugunsten einer spezifischen Interessengruppe oder Person treffen, beeinträchtigt das den gesamten Reformprozess. Die ergriffenen Maßnahmen würden einige wenige bevorzugen, die Evidenz wäre nicht mehr glaubwürdig und die Bürger*innen würden das Vertrauen in die staatlichen Einrichtungen verlieren. Die Schaffung gleicher Rahmenbedingungen für alle Beteiligten kann für einen breiteren Konsens sorgen und Entscheidungen mehr Legitimität verleihen. Dies bedeutet, dass ein gleichberechtigter Zugang zur Politikgestaltung und -umsetzung gewährt und die Transparenz und Integrität politischer Entscheidungsprozesse erhöht wird. Eine ausgewogene Entscheidungsfindung wird gestärkt, wenn eine Vielzahl von Akteuren dank solider Beteiligungsmechanismen und institutioneller Räume gemeinsam und repräsentativ im öffentlichen Interesse tätig werden und dieses fördern. Hierfür bedarf es starker, repräsentativer Organe, wie politischer Parteien, Gewerkschaften und Unternehmensverbände, die die unterschiedlichen Interessen der Gesellschaft vertreten. Andere Einrichtungen, wie gruppenspezifische oder themenorientierte Organisationen können ungebührliche Einflussnahme ebenfalls ausgleichen und für gleiche Ausgangsbedingungen sorgen. Weitere Maßnahmen sind der Einsatz neuer Medien und Repräsentationskanäle, die die Kosten senken und die Wirkung kollektiver Aktionen steigern können.

Keine Regierung ist gegen Versuche ungebührlicher Einflussnahme gefeit. In Anbetracht der auf dem Spiel stehenden wirtschaftlichen und politischen Interessen ist die öffentliche Bühne immer anfällig für mögliche Vereinnahmungen durch eine oder mehrere Partikularinteressen. Dies gefährdet möglicherweise eines der Grundprinzipien der Demokratie – die politische Gleichberechtigung – und kann zu einer unausgewogenen Politik führen, die unter dem Einfluss von Interessensgruppen steht. Dabei ist der Einfluss durch Einzelpersonen oder Gruppen mit besonderen Interessen nicht unbedingt illegal, sondern vielmehr Teil des demokratischen Prozesses. Fundamentale Probleme entstehen allerdings, wenn nicht alle dieselben Möglichkeiten haben, sicherzustellen, dass ihre Interessen in politischen Entscheidungsprozessen Berücksichtigung finden. Hierzu kann es aus folgenden Gründen kommen:

- unverhältnismäßig starker Druck und privilegierter Zugang durch Lobbyarbeit gegenüber öffentlichen Amtsträger*innen
- übermäßige Finanzierung von politischen Parteien und Wahlkampagnen von Kandidat*innen

- Bereitstellung von manipulierten oder betrügerischen fachlichen oder technischen Daten
- Nutzung persönlicher Beziehungen, die zu Interessenkonflikten führen

Kasten 2.2. Was versteht man unter Policy Capture?

Die politische Vereinnahmung durch Interessenverbände ist ein Prozess, in dem politische Entscheidungen nicht mehr im öffentlichen, sondern im Interesse einzelner Personen oder Gruppen getroffen werden. Vereinnahmung ist das Gegenteil von gerechter Politikgestaltung. In Fällen von Vereinnahmung werden grundlegende demokratische Werte untergraben, was im Allgemeinen gleichzeitig auch eine suboptimale staatliche Politik zur Folge hat. Zur Vereinnahmung politischer Entscheidungen kann es durch ein breites Spektrum an illegalen Instrumenten kommen, wie beispielsweise Korruption. Sie kann aber auch über legale Kanäle erfolgen, wie Lobbying und finanzielle Unterstützung für politische Parteien und Wahlkampagnen. Unzulässiger Einfluss kann auch ohne direktes Eingreifen bzw. ohne das Wissen öffentlicher Entscheidungsträger*innen ausgeübt werden, wenn die ihnen bereitgestellten Informationen manipuliert oder enge soziale bzw. emotionale Beziehungen zu ihnen aufgebaut werden.

Quelle: OECD (2017[36]), *Preventing Policy Capture, Integrity in Public Decision Making*, http://www.oecd.org/corruption/preventing-policy-capture-9789264065239-en.htm.

Politische Vereinnahmung kann in allen Stadien des politischen Geschehens erfolgen. Daher haben die OECD-Mitgliedsländer in den vergangenen Jahrzehnten unterschiedliche Maßnahmen ergriffen, um politischer Vereinnahmung vorzubeugen. Die Governance-Strukturen sollten Mechanismen enthalten, die gewährleisten, dass Politik- und Reformentscheidungen auf möglichst ausgewogene Weise getroffen werden. Hierzu gehört insbesondere die Entwicklung einer Kultur der Integrität, Offenheit, Inklusivität und Rechtsstaatlichkeit (vgl. Kapitel 1) durch Maßnahmen, wie:

- frühestmögliche Einbeziehung betroffener Akteure in Entscheidungsprozesse. Dies ist ein Kerninstrument zur Schaffung gleicher Ausgangsbedingungen und Erzielung eines breiten Konsens sowie einer größeren Legitimität staatlicher Politik.
- Stärkung der Integritätssysteme repräsentativer Einrichtungen, darunter auch Einzelinteressenvertreter*innen. Hierfür eignen sich beispielsweise spezifische Regelungen, die die Repräsentativität dieser Einrichtungen an Kriterien für die Integrität der öffentlichen Verwaltung ausrichten.
- strategische Kommunikation, Transparenz und Zugang zu vollständigen und aktualisierten Informationen. Hierdurch erhalten die Zivilgesellschaft und alle beteiligten Akteur*innen in politischen Diskussionen dieselben Informationen, Daten und Erkenntnisse.
- Förderung der Rechenschaftslegung durch Wettbewerbsbehörden, Regulierungsstellen und Oberste Rechnungskontrollbehörden
- Erkennen und Minderung der Risiken politischer Vereinnahmung durch Integritätsmaßnahmen, die auf die Besonderheiten verschiedener öffentlicher Institutionen zugeschnitten sind

Aus OECD-Daten geht ferner hervor, dass Länder wichtige Instrumente einsetzen, um den Möglichkeiten bestimmter Handelnder zur Beeinflussung politischer Entscheidungsträger*innen zu Lasten des öffentlichen Interesses entgegenzuwirken. Dazu gehören

- effektive Einschränkungen und Kontrolle der Parteienfinanzierung,
- adäquate Prüfungen und Analysen politischer Entscheidungsprozesse, die allen auf offene, transparente und zugängliche Weise zur Verfügung gestellt werden sowie

- die Einführung wirksamer Lobbyismus-Kontrollen, beispielsweise durch die Schaffung transparenter Statusregeln für Lobbyist*innen und Interessenvertreter*innen oder die Veröffentlichung der von einer Behörde entgegengenommenen Spenden und durchgeführten Reisen (Kasten 2.3).

Kasten 2.3. Frankreichs Hohe Behörde für Transparenz im öffentlichen Leben

Seit ihrer Einrichtung im Jahr 2014 hat sich Frankreichs Hohe Behörde für Transparenz im öffentlichen Leben zum Ziel gesetzt, die Integrität von öffentlichen Funktionsträger*innen zu wahren. Zwei der Hauptaufgaben der Behörde sind die Stärkung der Rechtschaffenheit von Amtsträger*innen und die Regulierung von Lobby-Tätigkeiten:

- Über 15 000 öffentliche Funktionsträger*innen müssen bei Amtsantritt ihr Vermögen und ihre Beteiligungen der Hohen Behörde offenlegen. Seit ihrer Einrichtung hat sie mehr als 42 000 Erklärungen erhalten und mehr als 60 Fälle wegen Unregelmäßigkeiten an das zuständige Gericht weitergeleitet. Im Oktober 2016 wurden Online-Offenlegungen Pflicht. Einige Erklärungen sind nach Richtigkeitsprüfungen nun in einem offenen Datenformat frei einsehbar.
- Die Hohe Behörde führt auch ein im Netz zugängliches Verzeichnis von Lobbyist*innen, damit sich die Bürger*innen über die Beziehungen zwischen Lobbyist*innen und öffentlichen Funktionsträger*innen informieren können. Die Registrierung ist für Unternehmen und Vereine Pflicht, die über Kontakte mit öffentlichen Funktionsträger*innen Entscheidungsprozesse zu beeinflussen suchen. Im Juli 2019 waren 1 900 Lobbyist*innen und 14 000 Aktivitäten registriert.

Quelle: Im Rahmen des Konsultationsprozesses für dieses Eckpunktepapier von Frankreich zur Verfügung gestelltes Praxisbeispiel.

Die Evidenznutzung in der Politikgestaltung, insbesondere wie Evidenz erhoben, eingesetzt und in Entscheidungsprozesse zu aktuellen bedeutenden sozialen, politischen und ökonomischen Herausforderungen für die Politik integriert wird, ist ein wichtiges – und komplementäres – Element, das Art und Wirkung von Reformen entscheidend beeinflussen kann (Parkhurst, 2017[35]). Eine evidenzbasierte Politikgestaltung kann eine entscheidende Rolle spielen, um die Konzeption, Umsetzung und Evaluierung aller staatlichen Maßnahmen zu verbessern, um gutes Regierungshandeln zu gewährleisten, insbesondere einen gleichberechtigten Zugang zu qualitativ hochwertigen, bedarfsorientierten und bürgernahen öffentlichen Dienstleistungen.

Die Evidenzerhebung kann für politische Entscheidungsträger*innen eine besondere Herausforderung darstellen, insbesondere in einem Kontext, in dem die Autorität der Wissenschaft infrage gestellt wird. Evidenz ist nicht immer einfach verfügbar und kann insbesondere in komplexen Politikbereichen widersprüchliche Befunde zutage fördern. Zudem ist es wichtig, die Glaubwürdigkeit und Zuverlässigkeit von Informationen, Daten und Faktenevidenz, auf deren Basis Entscheidungen getroffen werden, zu überprüfen (z. B. durch Reproduzierbarkeit, Quellenvielfalt, unabhängige Validierung usw.). In Fällen, in denen staatliche Stellen keine Datenproduzenten, sondern Datennutzer sind, können die Befunde externer Akteur*innen einer internen Prüfung auf Glaubwürdigkeit und Verlässlichkeit unterzogen werden. Außerdem dürfte ein gutes Management des Evidenzbestands mittels solider Wissensmanagementprozesse und einer umfassenden Nutzung der Verwaltungsdaten einer einseitigen Politikgestaltung vorbeugen und Doppelarbeit verhindern helfen. Es dürfte zugleich sicherstellen, dass die knappen Ressourcen in Bereiche gelenkt werden, in denen der Bedarf am größten ist und Dienstleistungen auf der Basis von Befunden konzipiert und erbracht werden, die diesen Bedarf nachweisen. Da nicht unbedingt alle Länder hierzu in der Lage sind, ist es von entscheidender Bedeutung, Kompetenzen zu entwickeln, um die Erhebung von Daten in Auftrag zu geben, diese zu verstehen und sinnvoll zu nutzen. Damit bietet sich die größte Chance, Maßnahmen zu konzipieren, die den Bürger*innen zugutekommen, institutionelle Verzerrungen überwinden und vor Partikularinteressen schützen, die den Status quo beibehalten wollen.

Auch wenn der Evidenzbedarf im Allgemeinen weithin anerkannt wird, bleiben politische Umsicht und politisches Engagement auch bei evidenzbasierten Ansätzen unerlässlich. Allerdings sorgen diese dafür, dass alle politischen Entscheidungen und eingegangenen Kompromisse durchschaubar werden. In einer Zeit, in der soziale Medien eine immer größere Rolle spielen, über das Internet direkt auf viele Sachinformationen zugegriffen werden kann, deren Quellen von unterschiedlicher Qualität sind, und Fake News zunehmend Anlass zur Besorgnis geben, wird ein evidenzbasierter Ansatz für die Entscheidungsfindung immer notwendiger.

Dies bedeutet, dass die Umsetzungsschleife von Beginn an geschlossen werden muss, um sicherzustellen, dass die Reformvorschläge umsetzbar sind und umgesetzt werden. Implementierungsuntersuchungen (einschl. Leistungsnachweise) können entscheidend sein für die erfolgreiche Umsetzung eines Vorhabens im Gegensatz zu einer ineffizienten, ja potenziell sogar schädlichen Umsetzung. Sie geben Forscher*innen und Regierungsvertreter*innen Instrumente an die Hand, um die Umsetzung von Maßnahmen zu überwachen und damit sicherzustellen, dass die erzielte Wirkung den Erwartungen der Politikverantwortlichen und Bürger*innen entspricht. Dies erfordert Erprobungsmaßnahmen, die Fähigkeit zur Prototypentwicklung und Durchführung von Pilotprojekten ebenso wie Innovationsinteresse, -förderung und -fähigkeit im öffentlichen Sektor.

Am Ende der Umsetzungsschleife kann die Politikevaluierung (Kapitel 5) dazu beitragen, diejenigen Maßnahmen zu ermitteln, die die Ergebnisse tatsächlich verbessen. Stichhaltige Evidenz für die Effizienz, Politik- und Kostenwirksamkeit von Initiativen sorgt dafür, dass wir verstehen, „was, warum, für wen und unter welchen Umständen funktioniert".

Kasten 2.4. Beispiele evidenzbasierter Politikgestaltung

Im Bereich des Kapazitätsaufbaus für die Evidenzgewinnung und -nutzung im öffentlichen Sektor haben mehrere Länder und Organisationen wertvolle Schritte unternommen. Im Vereinigten Königreich hat die NESTA-Stiftung (National Endowment for Science, Technology and the Arts) zusammen mit der Alliance for Useful Evidence „Evidenz-Masterklassen" in Form einer immersiven Lernerfahrung für hochrangige Entscheidungsträger*innen eingerichtet, die ihre Kompetenzen und ihr Selbstvertrauen im Bereich der Auswertung von Datenmaterial erhöhen wollen.

Viele OECD-Mitgliedsländer verfügen über evidenzbasierte Clearingstellen und sogenannte What Works Centres, die systematisch die Evidenzbasis überprüfen, auf die sich Politikmaßnahmen und Vorgehensweisen stützen, ihre Aussagekraft beurteilen und die Ergebnisse auf klar verständliche Weise kommunizieren. Beispiele sind das California Evidence-Based Clearing House for Child Welfare, die What Works Centres des Vereinigten Königreichs und das Danish Clearinghouse for Educational Research, Kidsmatter Australia sowie das Swedish Institute for Educational Research.

Quelle: Autorenbeitrag.

Die bisherigen Erfahrungen bestätigen allerdings, dass die Erreichung dieses Stands eine Herausforderung darstellt. Selbst in den am weitesten entwickelten Systemen bleibt die evidenzbasierte Entscheidungsfindung eine schwierige Aufgabe:

- Der öffentliche Dienst muss über die richtigen Kompetenzen verfügen, um die Erhebung von Daten in Auftrag zu geben, diese zu verstehen und sinnvoll zu nutzen. Hierzu ist es erforderlich, individuelle Fähigkeiten auszubauen und den Einsatz von Verfahren, Anreizen und Ressourcen zur verstärkten Evidenznutzung zu fördern.
- Weitere Voraussetzungen für eine evidenzbasierte Politikgestaltung sind ein institutionelles Umfeld und eine Infrastruktur, die einen klaren und transparenten Rahmen für die Evidenzgewinnung und

-nutzung bieten. Hierzu gehören möglicherweise auch Qualitätskontroll- und -sicherungsmaßnahmen, um die Verlässlichkeit und Solidität der gesammelten Daten zu überprüfen, bevor sie tatsächlich verwendet werden.

- Auch wenn sie noch so solide und relevant ist, kann Evidenz immer nur eine Komponente im Prozess der Politikgestaltung darstellen. In die endgültige Politikentscheidung fließen neben Daten immer auch Intuition und Urteilsvermögen ein.

Kernfragen

- Sind Mechanismen vorhanden, die es politischen Entscheidungsträger*innen ermöglichen, betroffene Akteur*innen, die in Entscheidungsprozessen unterschiedliche Interessen vertreten (und offenlegen) regelmäßig und proaktiv einzubeziehen?
- Sind Bestimmungen in Kraft, um in öffentlichen Entscheidungsprozessen zwischen Interessengruppen und Entscheidungsträger*innen formelle und transparente Beziehungen einzurichten?
- Gibt es für Nichtregierungsorganisationen, die spezifische Interessen vertreten, wie politische Parteien, Gewerkschaften oder Handelsverbände Rechtsvorschriften bzw. Regularien, die ihre Governance und Repräsentativität an Kriterien für die Integrität der öffentlichen Verwaltung ausrichten (wie z. B. kompetitive Wahlen für Spitzenkräfte, demokratische Entscheidungsfindung, finanzielle Transparenz und Audit-Auflagen, Regeln für die Wahlfinanzierung usw.)?
- Verfügt der öffentliche Sektor über das Wissen, die Kompetenzen und die Kapazitäten, um sicherzustellen, dass für die Politikgestaltung eine qualitativ hochwertige Evidenzbasis genutzt wird?
- Haben Spitzenbeamt*innen ein strategisches Verständnis für die Bedeutung evidenzbasierter Politikgestaltung? Können sie sicherstellen, dass Politikverantwortliche zum richtigen Zeitpunkt in der richtigen Form über die richtige Evidenz verfügen?
- Verfügt der öffentliche Sektor über die Verfahren und institutionellen Voraussetzungen, um evidenzbasierte Informationen in die Politikgestaltung einzubeziehen?
- Entspricht die von den Politikverantwortlichen zugrunde gelegte Evidenz den Transparenz- und Integritätsanforderungen? Erfolgt die Evidenzerhebung nach bestimmten Kriterien/Anforderungen, um ihre Validität zu garantieren?

Ressortübergreifende Koordinierung

In den vergangenen Jahrzehnten hat die **Politikkoordinierung** für mehr Kohärenz in der Politik in vielen OECD-Mitglieds- und Partnerländern besonders an Bedeutung gewonnen. Dies ist in erster Linie auf die zahlreichen neuen sektorübergreifenden, multidimensionalen Herausforderungen und die damit einhergehende Zersplitterung der Verwaltungsstrukturen zurückzuführen, die im exponentiellen Wachstum der Zahl der Behörden und sonstigen unabhängigen Organe zum Ausdruck kommt (Beuselinck, 2008[37]; Alessandro, Lafuente und Santiso, 2013[34]). Diese Entwicklung ist sowohl für die horizontale Koordinierung zwischen Verwaltungseinheiten (Ministerien, Behörden) als auch für die vertikale Koordinierung zwischen Verwaltungsebenen von Relevanz (Kasten 2.5).

Im Bereich der ressortübergreifenden Koordinierung hat die Mehrzahl der befragten Länder (59%) laut *OECD Survey on Centre of Governments* angegeben, dass die Zahl der ressortübergreifenden Politikinitiativen seit 2008 zugenommen hat (OECD, 2014[33]). Um die Kohärenz der Tätigkeit von Ministerien, Ämtern und sonstigen Verwaltungseinheiten zu erhöhen, hat die Mehrzahl (67%) der in der 2017 aktualisierten Erhebung von 2014 befragten OECD-Mitgliedsländer die institutionellen und finanziellen Kapazitäten ihrer Regierungszentren verstärkt, deren Aufgaben sich nach und nach von administrativer Unterstützung in Richtung Politikkoordinierung verlagert haben (OECD, 2018[32]).

Kasten 2.5. Die Bedeutung der Koordinierung zwischen Verwaltungsebenen

Auch wenn das Hauptaugenmerk ebenenübergreifender Governance-Reformen zunächst auf spezifischen Bereichen liegen mag, wie beispielsweise der Infrastruktur, zeigen OECD-Erfahrungen, dass solche Reformen ganzheitlich und multidimensional sein sollten, um negative und kontraproduktive Wirkungen zu verhindern. Außerdem sollten sie regionalen Unterschieden Rechnung tragen und Koordinierungs- und sonstige Managementinstrumente entwickeln, um Nachhaltigkeit zu sichern. In Anbetracht dieser Ziele sind in der *OECD Recommendation of the Council on Effective Public Investment across Levels of Government* (2014) [OECD/LEGAL/0402] zwölf Grundsätze dargelegt. Sie sind in drei Säulen eingeteilt, die systemische Herausforderungen des Managements öffentlicher Investitionen widerspiegeln. Vor allem in der ersten Säule wird die Bedeutung der ebenen- und ressortübergreifenden Koordinierung deutlich:

- Säule 1 – Ebenen- und ressortübergreifende Koordinierung. Es geht insbesondere darum, im Rahmen einer integrierten Strategie, die auf verschiedene Standorte zugeschnitten ist, zu investieren, auf den verschiedenen Verwaltungsebenen effektive Koordinierungsinstrumente einzusetzen und die Koordinierung zwischen nachgeordneten Gebietskörperschaften sicherzustellen, damit Investitionen auf der passenden Ebene getätigt werden.
- Säule 2 – Stärkung der Kapazitäten und Förderung von Lernprozessen auf allen Verwaltungsebenen
- Säule 3 – Gewährleistung solider Rahmenbedingungen auf allen Verwaltungsebenen

Quelle: OECD (2017[38]), *Multi-level Governance Reforms: Overview of OECD Country Experiences*, OECD Multi-Level Governance Studies, OECD Publishing, Paris, https://doi.org/10.1787/9789264272866-en; OECD (2019[39]), *Effective Public Investment Across Levels of Government: Implementing the OECD Principles*, Centre for Entrepreneurship, SMES, Regions and Cities, https://www.oecd.org/effective-public-investment-toolkit/OECD_Principles_For_Action_2019_FINAL.pdf.

Trotz unterschiedlicher institutioneller Strukturen der Regierungszentren in den OECD-Mitgliedsländern geht aus den OECD-Untersuchungen von 2014 und 2017 zu diesem Thema (OECD, 2014[33]; OECD, 2018[32]) hervor, dass die Regierungszentren in Bezug auf ihre Funktion und Zuständigkeit für ressortübergreifende Koordinierung viele Gemeinsamkeiten haben (Abbildung 2.2). Diese lassen sich in folgende Kernbereiche gliedern:

- **Förderung evidenzbasierter, inklusiver und zeitgerechter Entscheidungen** des/der Regierungschef*in
    - In den meisten Ländern wird der/die Regierungschef*in von einem Büro unterstützt, das das politische Tagesgeschäft strukturiert und ad hoc politische Informationen zur Verfügung stellt und ihm/ihr beratend zur Seite steht. Der Ort, an dem strategische Diskussionen hauptsächlich stattfinden, sind die regelmäßigen Kabinettssitzungen.
    - Rechtskonformität, Regulierungsqualität und ordnungsgemäße Kostenkalkulation sind drei wichtige Fachfunktionen, die Entscheidungsprozesse unterstützen und vom Regierungszentrum koordiniert werden können.
- **Ressortübergreifende Politikkoordinierung**, die zunehmend auch die Steuerung ressortübergreifender, multidimensionaler Schwerpunktstrategien umfasst
    - Ein Kriterium für die Wirksamkeit des Regierungszentrums ist seine Fähigkeit, im Fall von Differenzen zwischen Ministerien eine Vermittlerrolle zu spielen.

Abbildung 2.2. Hauptaufgaben, die in OECD-Mitgliedsländern dem Regierungszentrum übertragen werden

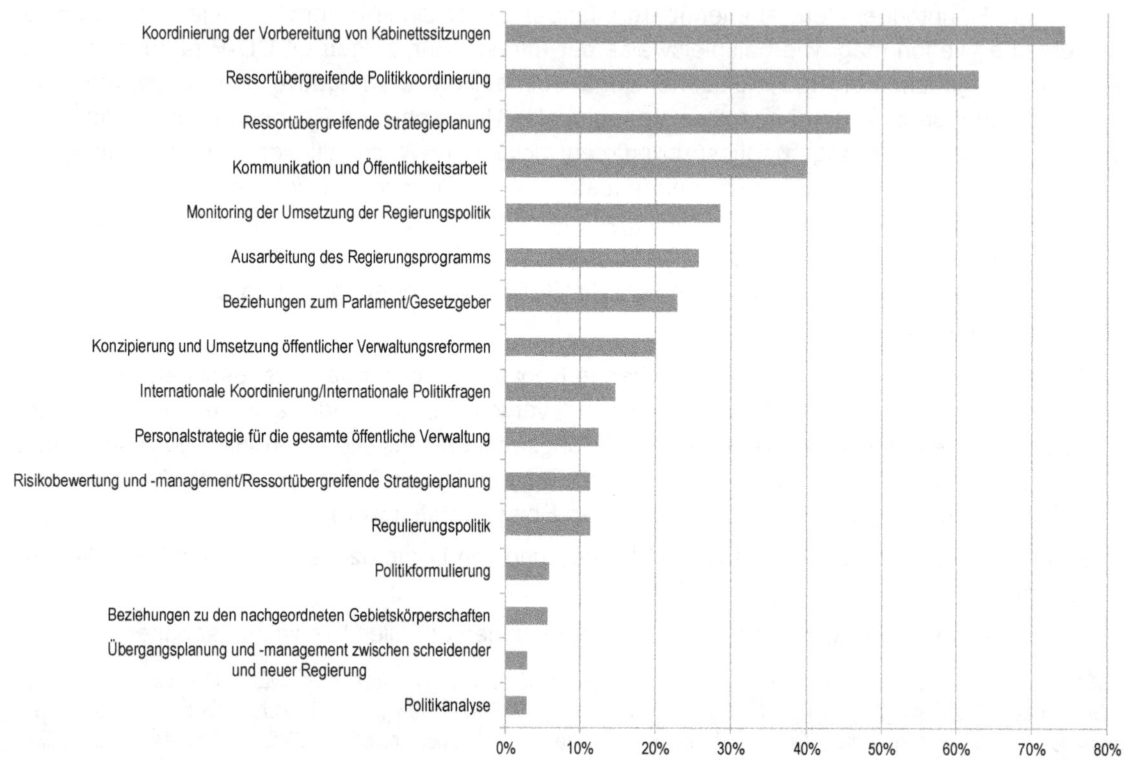

Quelle: *Survey on the Organisation and Functions of the Centre of Government* (OECD, 2017), veröffentlicht in OECD (2018[32]), *Centre Stage 2: The Organisation and Functions of the Centre of Government in OECD Member countries*, OECD Centres of Government.

- Das Regierungszentrum übernimmt vor allem bei strategischen Prioritäten eine Führungsrolle, insbesondere in sensiblen Politikfragen, indem es in Zusammenarbeit mit den jeweiligen Fachministerien Aktionspläne konzipiert und das Projektmanagement leitet.
- Mehrere Regierungszentren bieten den Fachministerien fachliche Unterstützung und Beratung zur Bewältigung zusätzlicher Anforderungen im Zusammenhang mit Querschnittsprojekten. Die vom Regierungszentrum zur Förderung querschnittlichen Vorgehens am häufigsten verwendeten Anreize sind individuelle und kollektive Leistungsziele sowie Evaluierungen.

- Ressortübergreifende **mittelfristige strategische Planung**
  - Die Mehrheit der OECD-Mitgliedsländer verabschiedet Strategiepapiere mit einem relativ kurzen Zeithorizont, der in etwa einer Legislaturperiode entspricht.
  - In den OECD-Mitgliedsländern sind drei Planungsmodelle geläufig: 1. eine hochrangige Beratergruppe im nahen Umfeld des/der Regierungschef*in, die ihm/ihr direkt untersteht, 2. ein vom Regierungszentrum koordiniertes Gefüge strategischer Sitzungsformate unter Beteiligung verschiedener Ministerien und 3. eine spezifische Einheit für strategische Früherkennung *(horizon scanning)*.
- **Monitoring der Umsetzung der Regierungspolitik** im Hinblick auf ihre Folgen und Ergebnisse
  - Das Monitoring kann unterschiedlich gestaltet sein: regelmäßige Berichte an das Regierungszentrum, Kabinettssitzungen zum Stand der Verwirklichung bestimmter Ziele sowie spezifischere Leistungsmanagementmechanismen, die auch Ausgabenplanungen sowie Input- und Wirkungsindikatoren beinhalten können.

- **Strategische Kommunikation.** Das Regierungszentrum spielt auch in der strategischen Kommunikation eine immer größere Rolle, sei es intern oder nach außen gerichtet. Hierzu gehört auch das Management der staatlichen Social-Media-Strategien.
- **Leitung der Übergangsplanung.** Regierungszentren werden auch immer häufiger herangezogen, um bei einem Regierungswechsel nach Wahlen die neue Regierung strategisch zu unterstützen, um einen reibungslosen Übergang und den Machtwechsel zwischen scheidender und neuer Regierung sicherzustellen und so die Stabilität über die Legislaturperiode hinaus aufrechtzuerhalten.

Kasten 2.6. Kohärente Politik für eine nachhaltige Entwicklung

Unter Punkt 17.4 der Nachhaltigen Entwicklungsziele werden die Länder aufgefordert, die Politikkohärenz als Mittel der Implementierung für eine nachhaltige Entwicklung zu verbessern. Dies setzt eine ressort- und ebenenübergreifende Zusammenarbeit und Koordinierung voraus. Des Weiteren bedeutet Politikkohärenz auch, dass kurzfristige Bestrebungen und langfristige Nachhaltigkeitsziele auf eine Weise miteinander kombiniert werden müssen, die den Folgen inländischer Maßnahmen für das globale Wohlergehen Rechnung trägt. Die 2019 geänderte *OECD Recommendation of the Council on Policy Coherence for Sustainable Development* hebt die Bedeutung folgender Maßnahmen hervor:

- Entwicklung einer strategischen Vision, um die nachhaltigen Entwicklungsziele auf integrierte und kohärente Weise zu erreichen
- Schaffung effektiver und inklusiver institutioneller Mechanismen, um ein sektorübergreifendes Zusammenwirken zu erreichen und die Maßnahmen der verschiedenen Verwaltungsebenen aufeinander abzustimmen sowie
- Entwicklung rasch wirkender und passgenauer Instrumente, um nationale, grenzüberschreitende und langfristige Politikfolgen zu antizipieren, zu beurteilen und anzugehen

Quelle: OECD (2019[79]), *Policy Coherence for Sustainable Development 2019: Empowering People and Ensuring Inclusiveness and Equality*, OECD Publishing, Paris, https://doi.org/10.1787/a90f851f-en; OECD, 2019[43], *OECD Recommendation of the Council on Policy Coherence for Sustainable Development*, https://www.oecd.org/gov/pcsd/oecd-recommendation-on-policy-coherence-for-sustainable-development.htm.

Kernfragen

- Wurde der öffentliche Verwaltungsdienst in Ihrem Land mit den notwendigen Kapazitäten ausgestattet, um hochrangige strategische Diskussionen und Planungsvorhaben der Politik zu organisieren und zu leiten?
- Gibt es in Ihrer Regierung und Verwaltung Mechanismen zur Koordinierung sektorübergreifender Politikinitiativen, wie Gruppen oder Ausschüsse zur Politikkoordinierung?
- Setzt Ihre Regierung Anreize zur Förderung der Koordinierung zwischen Ministerien und Behörden, wie beispielsweise finanzielle, individuelle oder kollektive Leistungsziele?
- Wurden klar definierte Mechanismen entwickelt, wie z. B. eindeutige Arbeitsabläufe zur Umsetzung des Regierungsprogramms, Leistungsvorgaben oder Monitoring-Instrumente, um sicherzustellen, dass die Politikprioritäten der Regierung umgesetzt werden?

Innovation und Changemanagement

Bei Innovationen im öffentlichen Sektor geht es um die Einführung und Umsetzung neuer Ideen, die gutes Verwaltungs- und Regierungshandeln fördern und verbessern helfen, indem sie die strategische Agilität und Zukunftsorientierung des Staats verstärken. Es geht um die Frage, wie fortlaufende Veränderungen eingeführt werden und mit ihnen umgegangen wird und dabei gleichzeitig bürgernahe Ansätze in der Gestaltung und Umsetzung von öffentlichen Dienstleistungen gefördert werden.

- Die Spanne reicht von eher inkrementellen Veränderungen (grundlegende Erneuerung bestehender oder Einführung ganz neuer Prozesse) bis zu radikalen Veränderungen (ganz neues Weltverständnis).
- Es kann sich um eine disruptive Entwicklung (z. B. Einführung einer neuen Technologie und damit verbundener Arbeitsprozesse) oder eine Transformation (z. B. Übergang von analogen Prozessen zu digitalen Interaktionen) handeln ebenso wie um die Festlegung und Verfolgung strategischer Prioritäten und Ziele, die es zuvor nicht gab.

Aus den Daten geht hervor, dass Innovationsförderung im öffentlichen Sektor in vielen OECD-Mitgliedsländern eine der obersten Prioritäten zur Förderung guten Verwaltungs- und Regierungshandelns darstellt. Während die Leistungen des privaten Sektors durch Marktkräfte, wie den Wettbewerb, bestimmt werden, muss der öffentliche Sektor Mechanismen einführen, mit deren Hilfe das Potenzial dynamischer und disruptiver Veränderungen in einer sich rasch wandelnden Welt erfolgreich in den Dienst der Bürger*innen und Unternehmen gestellt werden kann, oder zumindest die Voraussetzungen hierfür schaffen. Staaten müssen heute mit einer Reihe von Faktoren zurechtkommen, die einen strukturierteren und kohärenteren Ansatz für das Changemanagement und die Innovationsförderung erfordern:

- *Aufgaben verändern sich* – In einem sich wandelnden Umfeld müssen auch die staatlichen Stellen ihre Arbeitsweise weiterentwickeln.
- *Wer bestehen will, muss sich verändern* – In einer dynamischen Wirtschaft müssen Staaten politische Weichenstellungen anpassen, nur um Ergebnisse zu halten.
- *Für Zuschauer ist kein Platz* – Um Entscheidungsträger zu bleiben, müssen staatliche Stellen über tatsächliches Innovationswissen verfügen, sie können nicht warten, bis ihnen Antworten serviert werden.
- *Menschen erwarten mehr* – Viele Politiker*innen, Bürger*innen und Beamt*innen wünschen und erwarten Veränderungen.
- *Es besteht Mismatch-Gefahr* – Ein Staat, der nicht innoviert, läuft Gefahr, immer hinterherzulaufen und nur zu reagieren, d. h. ständig zu enttäuschen.
- *Innovation ist eine Kernkompetenz* – Innovationsbedarf kann überall entstehen, deshalb muss jeder bereit sein, sich einzubringen.

Vieles bleibt noch darüber zu lernen, wie die Voraussetzungen für Innovation und die hierfür erforderlichen Kompetenzen, Fähigkeiten, Instrumente und Ressourcen am besten zu schaffen sind. Aus den Erfahrungen der OECD-Länder geht hervor, dass Innovationen auf allen Verwaltungsebenen stattfinden. Es ist Aufgabe der zentralstaatlichen Ebene, die Voraussetzungen dafür zu schaffen, dass es Innovationen gibt (Kasten 2.7). Untersuchungen haben ergeben, dass die wichtigsten Erfolgsfaktoren für Innovationen in der staatlichen Verwaltung damit zusammenhängen, wie Mitarbeiter*innen geführt werden, ob die internen Vorschriften funktionieren und die Haushalte Spielraum für Innovationstätigkeit bieten, ob das Projektmanagement den Umgang mit Risiken ermöglicht und wie sich ein geschützter Raum zum Experimentieren schaffen lässt (Innovationslabore bzw. -labs).

Eine isolierte Betrachtung dieser Faktoren ergibt allerdings kein vollständiges Bild der Bereiche, in denen der Innovationsbedarf am dringendsten bzw. am größten ist. Sie kann auch dazu führen, dass Blockaden von einem Teil des Systems in ein anderes verlagert werden. Mit der *OECD Declaration on Public Sector*

Innovation (2019[40]) [OECD/LEGAL/0450] soll Verwaltungen und anderen öffentlichen Einrichtungen geholfen werden, ihre Innovationsfähigkeit zu verbessern, um eine Vielzahl von Herausforderungen zu bewältigen und Chancen zu nutzen. Sie enthält fünf Grundsätze und damit verbundene Maßnahmen, die Grundlage für Innovationen und Innovationsmanagement sein können:

- Innovationen innerhalb des öffentlichen Sektors umsetzen und verstärken
- alle öffentlich Bediensteten zu Innovationen ermutigen und mit dem hierfür erforderlichen Rüstzeug ausstatten
- neue Partnerschaften pflegen und verschiedene Stimmen einbeziehen
- Untersuchungen, Erprobungen und Testen unterstützen
- Erkenntnisse weitergeben und Praktiken teilen

Kasten 2.7. Innovation im öffentlichen Sektor in Kanada

Impact Canada

Die im Haushalt 2017 angekündigte Initiative Impact Canada ist eine ressortübergreifende Maßnahme, die es den Ministerien ermöglicht, die Einführung innovativer Ansätze zu beschleunigen, die der kanadischen Bevölkerung Nutzen bringen. Die Initiative zeigt, wie notwendig und wertvoll Innovationen für die Erreichung staatlicher Prioritäten und die Verbesserung der gesellschaftlichen Rahmenbedingungen für die Bürger*innen sind. Impact Canada fördert ein breites Spektrum an innovativen Ansätzen, darunter:

- die Auslobung von Preisen, bei denen die beste Lösung für ein spezifisches Problem anhand vorab definierter Kriterien belohnt wird
- die Einführung von Pay-for-Results Instrumenten, d. h. Finanzierungskonzepte, die Ausgaben stärker auf die Grundlage positiver und messbarer Ergebnisse stellen
- Nutzung verhaltensökonomischer Erkenntnisse aus Psychologie, Wirtschaft und anderen Sozialwissenschaften in der Regierungsarbeit

Canada's Deputy Ministers Task Force on Public Sector Innovation (TF-PSI)

Im November 2017 rief Kanada die Task Force on Public Sector Innovation (TF-PSI) ins Leben. Die Task Force, die auf Ebene der Staatssekretäre angesiedelt ist, soll für das Testen innovativer Ansätze eine aktive Rolle spielen und der Regierung helfen, ihre politischen Prioritäten zu erreichen. Die Task Force unterstützt relevante Ressorts auf zwei wichtigen Themenfeldern:

- (1) grundlegende Systemtransformationen
- (2) disruptive Politiklösungen

Quelle: Im Rahmen des Konsultationsprozesses für dieses Eckpunktepapier von Kanada zur Verfügung gestelltes Praxisbeispiel.

Außerdem kann eine systemische Herangehensweise die Fähigkeit des öffentlichen Sektors stärken, bei Bedarf neue Ansätze zu erkennen, zu entwickeln und anzuwenden, um sowohl die laufenden Aufgaben zu erfüllen und auf neue Gefahren und Chancen reagieren zu können.[4] Die OECD hat vier Bereiche ermittelt, auf die sich die öffentlichen Verwaltungen konzentrieren sollten, wenn Innovationen zu einer beständigen und zuverlässigen Ressource für den Staat werden sollen:

- *Klarheit* – Wurden die Akteur*innen des öffentlichen Sektors klar über die Bedeutung von Innovationen und ihren Platz im Vergleich zu anderen Prioritäten informiert?
- *Gleichwertigkeit* – Haben Innovationen den gleichen Stellenwert wie andere Handlungsoptionen?

- *Angemessenheit* – Sind die Kapazitäten, Systeme und Infrastruktureinrichtungen den verfügbaren Optionen angemessen?
- *Normalität* – Wird Innovation als integraler Teil des Systems oder eher als eine gelegentlich akzeptierte Abweichung von der Norm betrachtet?

2017 veröffentlichte der OECD Observatory of Public Sector Innovation überdies ein Beta-Modell von Kompetenzen, um Innovationen in Einrichtungen des öffentlichen Sektors zu fördern und zu ermöglichen (OECD, 2017[41]). Das Beta-Kompetenzmodell der OECD für Innovationen im öffentlichen Sektor beruht auf sechs Kernkompetenzbereichen. Kompetenzen in diesen Bereichen ermöglichen es öffentlich Bediensteten, das Innovationsniveau im öffentlichen Sektor zu erhöhen.

- Fähigkeit zur Iteration: Maßnahmen, Produkte und Dienstleistungen inkrementell und experimentell entwickeln
- Datenkompetenz: Sicherstellen, dass Entscheidungen auf Daten basieren und dass diese nicht erst im Nachhinein berücksichtigt werden
- Nutzerzentriertheit: Öffentliche Dienstleistungen an den Bedürfnissen der Nutzer ausrichten
- Neugier: Nach neuen Ideen oder Arbeitsweisen suchen und sie ausprobieren
- Fähigkeit zum Storytelling: Veränderungen so erläutern, dass sie mitgetragen werden
- Kreative Rebellion: Den Status quo infrage stellen und mit außergewöhnlichen Partnern zusammenarbeiten

Innovationen und Changemanagement sind zwei wichtige, aber unterschiedliche Erfolgsfaktoren für effektive Reformen. Beim Changemanagement geht es generell um den Übergang zu einem bekannten erwünschten Zustand oder Ergebnis, wohingegen Innovationen einen explorativen Lernprozess in einem komplexen und ungewissen Kontext darstellen. Beide Faktoren sind für ein effektives Regierungshandeln von wesentlicher Bedeutung, auch wenn sie unterschiedlicher Formen der Unterstützung bedürfen und unterschiedliche Voraussetzungen erfüllt sein müssen, damit sie erfolgreich durchgeführt werden können.

Veränderungsprozesse und Reformen können zuweilen unbeliebt sein oder erst nach einer gewissen Zeit Früchte tragen. Eine der wesentlichen Herausforderungen für ein erfolgreiches Changemanagement besteht darin, die Akzeptanz von Reformen trotz politischer Hindernisse und Engpässe zu erhalten und gleichzeitig die Unterstützung dafür zu erhöhen. Ein effektives Veränderungsmanagement zielt darauf ab, die Reformdynamik aufrechtzuerhalten und zugleich den – internen wie auch externen – Widerstand gegen Veränderungen zu überwinden. Im öffentlichen Sektor ist das besonders schwierig, da Veränderungsprozesse oft gleichzeitig auftreten. Im OECD-Bericht "Making Reform Happen" (2010[83]) heißt es, dass ein erfolgreiches Changemanagement häufig von einem Wählerauftrag, einer effektiven Kommunikation, soliden Institutionen und einer gesunden Führungskultur, Priorisierung und Sequenzierung von Reformen sowie davon abhängt, wie wirksam sich Reformbefürworter mit den Gegnern der umzusetzenden Reformen auseinandersetzen.

Changemanagement ist bereits seit Langem zentraler Bestandteil der Arbeit im öffentlichen Sektor. Neu ist, dass in den OECD-Ländern verstärkt untersucht wird, wie Themen und Strategien für das Changemanagement besser in einen anspruchsvolleren und institutionalisierten Ansatz eingebunden werden können. Staatliche Stellen haben begonnen, sich von Top-down-Prozessen im Changemanagement zu verabschieden und eine breitere Perspektive einzunehmen, die sowohl Bottom-up- als auch Top-down-Maßnahmen vorsieht. Hierzu gehören eine systematische Problemidentifizierung, Ideengenerierung sowie die Suche nach geeigneten alternativen Lösungen und ihre Umsetzung.

Künftige Ausgaben des Eckpunktepapiers werden Praxisbeispiele zum Changemanagement aus einzelnen Ländern enthalten und als einen wichtigen, wenn auch noch im Aufbau befindlichen Bereich der öffentlichen Governance präsentieren und damit Belege für erfolgreiches Changemanagement und für die Auswirkungen erfolgreicher Veränderungsprozesse auf die Leistungen für die Bürger*innen vorlegen.

Kernfragen

- Verfügt der öffentliche Sektor über die Kapazität, neue Trends aufzugreifen, sich mit zugrundeliegenden Umbrüchen auseinanderzusetzen und mögliche Veränderungen der Erwartungen und Bedürfnisse der Bürger*innen zu erkennen?
- Wie lernt Ihre Regierung aus neuen Praktiken und wie gelingt die systematische Einbeziehung neu gewonnener Erkenntnisse in die Kerntätigkeiten der Verwaltung?
- Unterstützt Ihre Regierung Behörden, Beschäftigte im öffentlichen Dienst und Handelnde auf lokaler Ebene (durch Beratung, Anleitung und Ressourcenbereitstellung), um sie in die Lage zu versetzen, neue Wege zu gehen, um einen öffentlichen Nutzen zu erzielen?

Zusätzliche Ressourcen

OECD-Rechtsinstrumente:

- Recommendation of the Council on Policy Coherence for Sustainable Development (2019) [OECD/LEGAL/0381]
- Recommendation of the Council on Effective Public Investment across Levels of Government (2014) [OECD/LEGAL/0402]
- Recommendation of the Council on Public Integrity (2017) [OECD/LEGAL/0435], deutsche Fassung: Empfehlung des Rates zu Integrität im öffentlichen Leben (2017)
- Recommendation of the Council on Open Government (2017) [OECD/LEGAL/0438]
- Recommendation of the Council on Digital Government Strategies (2014) [OECD/LEGAL/0406]
- Recommendation of the Council on Principles for Transparency and Integrity in Lobbying (2010) [OECD/LEGAL/0379]
- Declaration on Public Sector Innovation (2019) [OECD/LEGAL/0450]
- Recommendation of the Council on Public Service Leadership and Capability (2019) [OECD/LEGAL/0445]
- Recommendation of the Council on Gender Equality in Public Life (2015) [OECD/LEGAL/0410]
- Recommendation of the Council on Regulatory Policy and Governance (2012) [OECD/LEGAL/0390], deutsche Fassung: Empfehlung des Rates zu Regulierungspolitik und Governance (2012)

Weitere einschlägige OECD-Ressourcen:

- The OECD Observatory of Public Sector Innovation (OPSI)
- Embracing Innovation in Government: Global Trends (2019)
- Core Skills for Public Sector Innovation (2017)
- Fostering Innovation in the Public Sector (2017)
- Managing Change in OECD Governments.An Introductory Framework (2008)
- “Modernising Government”, in Making Reform Happen, Lessons from OECD Countries (2010)
- SIGMA Principles of Public Administration (2017)
- SIGMA Methodological Framework for the Principles of Public Administration(2019)
- Policy Advisory Systems: Supporting Good Governance and Sound Public Decision Making, OECD Public Governance Reviews (2017)
- Preventing Policy Capture, Integrity in Public Decision Making (2017)

- Summary of OECD conference on Evidence-Informed Policy Making (2017)
- Centre Stage: Driving Better Policies from the Centre of Government (2014)

Literaturverzeichnis

Alessandro, M., M. Lafuente und C. Santiso (2013), "The Role of the Center of Government A Literature Review", Technical Note, No. IDB-TN-581, Interamerikanische Entwicklungsbank, Washington, D.C., https://publications.iadb.org/en/role-center-government-literature-review (Abruf: 4. Oktober 2019). [34]

Beuselinck, E. (2008), *Shifting public sector coordination and the underlying drivers of change: a neo-institutional perspective*, Katholieke Universiteit Leuven, https://soc.kuleuven.be/io/pubpdf/IO02050140_2008_Beuselinck.pdf. [37]

OECD (2019), *Declaration on Public Sector Innovation*, OECD, Paris, https://legalinstruments.oecd.org/en/instruments/OECD-LEGAL-0450. [40]

OECD (2019), *Effective Public Investment Across Levels of Government: Implementing the OECD Principles*, Centre for Entrepreneurships, SMES, Regions and Cities, OECD, Paris, https://www.oecd.org/effective-public-investment-toolkit/OECD_Public_Investment_Implementation_Brochure_2019.pdf. [39]

OECD (2019), *Policy Coherence for Sustainable Development 2019: Empowering People and Ensuring Inclusiveness and Equality*, OECD Publishing, Paris, https://dx.doi.org/10.1787/a90f851f-en. [79]

OECD (2019), *Recommendation of the Council on Policy Coherence for Sustainable Development*, OECD, Paris, https://www.oecd.org/gov/pcsd/oecd-recommendation-on-policy-coherence-for-sustainable-development.htm. [43]

OECD (2019), *Recommendation of the Council on Public Service Leadership and Capability*, OECD, Paris, https://legalinstruments.oecd.org/en/instruments/OECD-LEGAL-0445. [9]

OECD (2018), *Centre Stage 2: The organisation and functions of the centre of government in OECD countries*, OECD Centre of Government, OECD, Paris, https://www.oecd.org/gov/centre-stage-2.pdf. [32]

OECD (2018), *Open Government: Globaler Kontext und Perspektiven für offenes Regierungs- und Verwaltungshandeln*, OECD Publishing, Paris, https://doi.org/10.1787/9789264290655-de. [23]

OECD (2017), *Core Skills for Public Sector Innovation*, Observatory of Public Sector Innovation, OECD, Paris, https://www.oecd.org/media/oecdorg/satellitesites/opsi/contents/files/OECD_OPSI-core_skills_for_public_sector_innovation-201704.pdf. [41]

OECD (2017), *Recommendation of the Council on Public Integrity*, OECD, Paris, https://www.oecd.org/gov/ethics/OECD-Recommendation-Public-Integrity.pdf; deutsche Fassung: OECD (2017), *Empfehlung des Rates zu Integrität im öffentlichen Leben*, OECD, Paris, http://www.oecd.org/gov/ethics/Recommendation-integrity-DE.pdf. [11]

OECD (2017), *Government at a Glance 2017*, OECD Publishing, Paris, https://dx.doi.org/10.1787/gov_glance-2017-en. [1]

OECD (2017), *Multi-level Governance Reforms: Overview of OECD Country Experiences*, OECD Multi-level Governance Studies, OECD Publishing, Paris, https://doi.org/10.1787/9789264272866-en. [38]

OECD (2017), *Preventing Policy Capture: Integrity in Public Decision Making*, OECD Public Governance Reviews, OECD Publishing, Paris, https://dx.doi.org/10.1787/9789264065239-en. [36]

OECD (2017), *Systems Approaches to Public Sector Challenges: Working with Change*, OECD Publishing, Paris, https://dx.doi.org/10.1787/9789264279865-en. [2]

OECD (2015), *Recommendation of the Council on Gender Equality in Public Life*, OECD, Paris, https://legalinstruments.oecd.org/en/instruments/OECD-LEGAL-0418. [25]

OECD (2014), *Centre Stage: Driving Better Policies from the Centre of Government*, OECD, Paris, https://www.oecd.org/gov/Centre-Stage-Report.pdf. [33]

OECD (2014), *Recommendation of the Council on Digital Government Strategies*, OECD, Paris, https://legalinstruments.oecd.org/en/instruments/OECD-LEGAL-0406. [31]

OECD (2014), *Vision, Leadership, Innovation: Driving Public Sector Performance*, OECD, Paris. [30]

OECD (2012), *Recommendation on Regulatory Policy and Governance,* OECD Publishing, Paris, https://legalinstruments.oecd.org/en/instruments/OECD-LEGAL-0390; deutsche Fassung: OECD (2012), *Empfehlung des Rates zu Regulierungspolitik und Governance*, OECD, Paris, https://doi.org/10.1787/9789264209053-de. [27]

OECD (2011), *Estonia: Towards a Single Government Approach*, OECD Public Governance Reviews, OECD Publishing, Paris, https://dx.doi.org/10.1787/9789264104860-en. [78]

OECD (2010), *Making Reform Happen: Lessons from OECD Countries*, OECD Publishing, Paris, https://dx.doi.org/10.1787/9789264086296-en. [83]

Parkhurst, J. (2017), *The politics of evidence: from evidence-based policy to the good governance of evidence*, Routledge, Abingdon, http://eprints.lse.ac.uk/68604/1/Parkhurst_The_Politics_of_Evidence.pdf. [35]

Anmerkungen

[1] *OECD Recommendation of the Council on Public Integrity* (2017[11]).

[2] Die Komponenten eines solchen günstiges Umfelds sind in der *OECD Recommendation on Gender Equality in Public Life* und dem begleitenden Toolkit dokumentiert.

[3] http://www.oecd.org/gov/pem/performanceandleadership.htm.

[4] In einem systemischen Ansatz werden die verschiedenen Systemelemente analysiert, die einem Problem zugrunde liegen, ebenso wie die Dynamik und Interaktionen dieser Elemente, die zu einem bestimmten Ergebnis führen. Der Begriff „systemischer Ansatz“ steht für eine Reihe von Prozessen, Methoden und Praktiken, die auf Systemveränderungen abzielen (OECD, 2017[2]).

Teil II Gutes Verwaltungs- und Regierungshandeln im Hinblick auf Politik-formulierung, -umsetzung und -evaluierung

3 Solide Problemermittlung, Formulierung und Gestaltung von Politikmaßnahmen

In diesem Kapitel geht es um die verschiedenen Managementtools und Instrumente der Politik, die die OECD-Länder einsetzen, um bei der Problemermittlung sowie der Formulierung und Gestaltung von Politikmaßnahmen eine höhere Qualität zu erzielen. Die hier vorgestellten Praktiken zeigen, dass folgende Managementtools für mehr Qualität bei der Politikformulierung und -gestaltung sorgen können: strategische Planung, Einsatz konzeptioneller Kompetenzen und Nutzung digitaler Fähigkeiten. Das Kapitel legt auch dar, wie ordnungspolitische und haushaltspolitische Maßnahmen strategisch eingesetzt werden können, um Governance-Fehler bei der Politikformulierung zu vermeiden. Regulierungspolitik und Governance können dazu beitragen, dass Rechtsvorschriften die gewünschten Zielsetzungen erreichen und neuen Herausforderungen so effizient wie möglich gerecht werden. Haushaltsgovernance ist ein Instrument zur Umsetzung politischer Zusagen, Ziele und Vorgaben in Entscheidungen darüber, welche Projekte finanziert und wie die hierfür notwendigen Finanzmittel generiert werden.

Der erste Schritt einer soliden Politikgestaltung ist die korrekte Erfassung eines Problems und die Gestaltung der richtigen Reaktion(en), um es anzugehen. Welche Herausforderungen als solche erkannt und in die öffentliche Agenda aufgenommen werden, wird durch eine Reihe unterschiedlicher Faktoren beeinflusst, u. a.

- die Fähigkeit der Interessenvertretungen (z. B. politischer Parteien, Gewerkschaften und Arbeitgeberverbänden), das Thema zu formulieren,
- die Rolle der Medien im Hinblick darauf, die Herausforderung auf eine Art und Weise zu kommunizieren, die die Bürger*innen mitnimmt,
- die Verfügbarkeit von Daten und Befunden, anhand derer sich der Staat vergewissern kann, dass es sich um ein echtes Thema handelt und seine Behandlung in seinen Zuständigkeitsbereich fällt,
- eine effektive Einbeziehung der beteiligten Akteur*innen, die die staatlichen Stellen in die Lage versetzt, mit wichtigen Handelnden der Zivilgesellschaft sowie mit den Bürger*innen zum betreffenden Thema und zu den Lösungsstrategien einen Dialog zu initiieren und aufrechtzuerhalten sowie
- die Fähigkeit des Staats, Herausforderungen beispielsweise durch strategische Vorausschau, Früherkennungsmaßnahmen (*horizon scanning*) und Debatten über Zukunftsalternativen – u. a. mit der Zivilgesellschaft – frühzeitig zu erkennen.

In Kapitel 1 und 2 dieses Eckpunktepapiers wurden Governance-Verfahren herausgearbeitet, die eine offene, ausgewogene und auf Daten beruhende Problemerfassung fördern, womit u. a. eine Vereinnahmung der staatlichen Politik durch Interessengruppen verhindert werden soll. In Abschnitt 3.1.2 dieses Kapitels wird ferner darauf eingegangen, wie wichtig es ist, dass die Beschäftigten des öffentlichen Diensts die richtigen analytischen Kompetenzen besitzen, um Problemstellungen zu definieren und insbesondere deren Ursachen zu verstehen.

Ist ein Thema korrekt erfasst, definiert und abgegrenzt, können die zuständigen Stellen entscheiden, welche Maßnahmen angemessen sind, um das Problem zu lösen und/oder eine Reform umzusetzen. Die Phase der Formulierung von Politikmaßnahmen ist der Prozess, in dem die staatlichen Stellen lang-, mittel- und kurzfristige Politikziele in konkrete Handlungsoptionen übersetzen.

Die staatliche Verwaltung ist kein monolithischer Entscheidungsträger. Daher bietet der Prozess der **Formulierung von Politikmaßnahmen** eine Gelegenheit zur Zusammenarbeit zwischen Staat und Bürger*innen, der Wirtschaft sowie Organisationen der Zivilgesellschaft, um Innovationen hervorzubringen und die Dienstleistungen der öffentlichen Hand zu verbessern. Beispiele für eine solche Zusammenarbeit und gemeinsame Entscheidungsfindung reichen von Referenden zu Konsultationsverfahren, bei denen Maßnahmen mit einem breiten Spektrum von Akteuren und Interessengruppen erarbeitet und beraten werden (OECD, 2011[44]). Wie in Kapitel 2 erläutert, kann die Einbeziehung beteiligter Akteur*innen auch ein Mittel darstellen, um eine Vereinnahmung der Politik während des politischen Entscheidungsprozesses zu verhindern. Resultat solcher Verfahren können Gesetzesvorlagen, Rechtsvorschriften, Mittelzuweisungen oder Fahrpläne und Rahmenkonzepte für künftige Verhandlungen über detailliertere Planungen sein. Im Idealfall umfasst die Formulierung von Politikmaßnahmen daher die Feststellung, Prüfung, Erörterung und das Entwerfen von Politikoptionen, um den gesellschaftlichen Bedürfnissen und Herausforderungen Rechnung zu tragen.

Ein grundlegender Teil der Formulierungsphase ist die **Politikgestaltung**, bei der es um die Planung der Umsetzungs-/Vollzugs-, der Monitoring- und der Evaluierungsphase geht. Idealerweise wird auf der Ebene des Regierungs- und Verwaltungsapparats – in erster Linie von Mandatsträger*innen und Spitzenbeamt*innen – auf der Grundlage eines breiten Spektrums politischer und fachlicher Beiträge entschieden, welche Instrumente zum Zuge kommen sollen und welche finanziellen und personellen Ressourcen für die Um- und Durchsetzung einer Strategie zugewiesen werden sollten. Die Übersetzung dieser Visionen und Pläne in durchführbare Maßnahmen ist eine der größten Herausforderungen für die politische Entscheidungsfindung. Die Regierungsstellen sollten in Erwägung ziehen, für die Formulierungs- und Gestaltungsphase neuer Rechtsvorschriften und Politikmaßnahmen Evaluierungsmechanismen einzuführen. Gegebenenfalls sollten auch spezifische Regelungen wie Befristungsklauseln bei der Politikgestaltung berücksichtigt werden. Entscheidungsträger*innen müssen sich in der Regel für eine von vielfältigen Optionen entscheiden, die von einer immer größeren Zahl von Politikberater*innen angeboten werden – von Beschäftigten des öffentlichen Diensts bis hin zu externen Akteuren wie z. B. Lobbyfirmen, Vertreter*innen des privaten Sektors, Beiräten oder Sachverständigengruppen, NRO, Thinktanks, Wissenschaftler*innen oder politischen Parteien. Die Befunde zeigen beispielsweise, dass gegenüber der Regierung nicht weisungsgebundene Beiräte eine zunehmend große Rolle bei der politischen Entscheidungsfindung spielen und eine inklusive und solide Politikgestaltung begünstigen können (OECD, 2017[45]). In Kapitel 2 dieses Eckpunktepapiers, in dem die Erfolgsfaktoren für gutes Verwaltungs- und Regierungshandeln umrissen werden, wird hervorgehoben, welche Rolle die Regierungszentren sowie institutionelle treibende Kräfte dabei spielen, die strategischen Prioritäten zu definieren und die mittelfristige strategische Planung voranzutreiben, um diese Prioritäten in konkrete Maßnahmen zu überführen.

Die politischen, wirtschaftlichen, sozialen und ökologischen Vor- und Nachteile der verschiedenen Politikmaßnahmen abzuwägen, bildet somit den Kern der Politikformulierungsphase. Die OECD-Daten lassen darauf schließen, dass öffentliche Entscheidungen und Rechtsvorschriften ohne angemessenes Governance-Rahmenkonzept besonders anfällig für Einflussnahme oder Vereinnahmung durch Partikularinteressen sind (CleanGovBiz, 2012[46]). Außerdem zählen mangelnde Kapazitäten in Regierung und Verwaltung, wie z. B. begrenzte finanzielle, personelle und technologische Ressourcen, oder eine unzureichende Ausgestaltung, wie z. B. Unzulänglichkeiten des institutionellen Rahmens oder inadäquate Rechtsvorschriften, zu den zahlreichen Hindernissen für die Politikgestaltung, die in der Folge eine effektive Politikumsetzung und Leistungserbringung behindern.

Die OECD hat in den vergangenen Jahrzehnten einige dieser Hindernisse benannt und spezifische Arbeiten zur Governance 1. von Managementinstrumenten und 2. von Politikinstrumenten durchgeführt, die die Qualität der Politikformulierung und -gestaltung verbessern können:

- In den Abschnitten 3.1.1, 3.1.2 und 3.1.3 dieses Kapitels wird auf Möglichkeiten zur Stärkung der strategischen Planung, der Kompetenzen der Beschäftigten des öffentlichen Diensts und der digitalen Fähigkeiten eingegangen, um dieses Ziel zu erreichen.
- In Abschnitt 3.2.1 wird beschrieben, wie die Regulierungspolitik ein strategisches Politikinstrument sein kann, um zu verhindern, dass es bei der Politikformulierung zu Fehlern in der Governance-Gestaltung kommt.
- In Abschnitt 3.2.2 dieses Kapitels wird darauf eingegangen, wie sich die Haushaltsführung als Politikinstrument nutzen lässt, um Unzulänglichkeiten bei den Governance-Kapazitäten abzuschwächen.

Um die Wirksamkeit der von den Entscheidungsträger*innen ausgewählten Maßnahmen ebenso wie Unterstützung für diese sicherzustellen, ist es wichtig, dass die beteiligten Akteur*innen die Maßnahmen als begründet, effizient und umsetzbar betrachten. Daher bietet die Phase der Politikformulierung und - gestaltung den Politikverantwortlichen die Gelegenheit sicherzustellen, dass die mit den Werten für die öffentliche Governance (Kapitel 1) verbundenen Verfahrensweisen eingeführt, systematisch angewendet und in den Umsetzungsprozess eingebunden werden. Zusätzlich zu den Verfahrensweisen, auf die in diesem Kapitel besonders eingegangen wird, sind erfolgreiche Vorgehensweisen und Erwartungen in Bezug auf die systematische Berücksichtigung von Governance-Werten in der *OECD Recommendation of the Council on Digital Government Strategies* (OECD, 2014[31]) [OECD/LEGAL/0406], der revidierten *Recommendation on Promoting Good Institutional Practices for Policy Coherence for Development* (2019) [OECD/LEGAL/0381], die in die Zuständigkeit des Entwicklungsausschusses fällt und für die zurzeit im Entwicklungsausschuss und im Ausschuss für öffentliche Governance der Entwurf einer revidierten Empfehlung erarbeitet wird, sowie in der *Recommendation on Public Integrity* (OECD, 2017[11])

[OECD/LEGAL/0435], der *Recommendation on Open Government* (OECD, 2017[22]) [OECD/LEGAL/0438] und der *Recommendation on Gender Equality in the Public Life* (2015) [OECD/LEGAL/0418] kodifiziert.

Managementinstrumente für die Politikformulierung und -gestaltung

In der Phase der Politikformulierung und -gestaltung sind Managementinstrumente ein Mittel, um die Kompetenzen im öffentlichen Sektor sowie dessen Fähigkeiten zur Politikgestaltung zu verbessern. Managementinstrumente wie z. B. digitale Lernplattformen können als direkte Kanäle für die Umsetzung von Politikmaßnahmen dienen. Zu den wichtigsten Managementinstrumenten, um die Qualität der Politikgestaltung zu verbessern und damit die Politikergebnisse zu prägen, zählen 1. **strategische Planung**, 2. **Politikgestaltungskompetenzen**, 3. **digitale Fähigkeiten**.

Strategische Planung

Gut verankerte Planungsverfahren können nützlich sein, um politische Zusagen und Ziele sowohl in lang- bzw. mittelfristige Strategien als auch in praktische Aktionspläne zu übersetzen, die als Orientierungshilfe für die Arbeit der staatlichen Stellen dienen können. Dadurch ist die strategische Planung ein wichtiges Managementinstrument, das mit den in Abschnitt 2.1 und 2.3 dieses Eckpunktepapiers erörterten Erfolgsfaktoren zusammenhängt. Auch bei der Anpassung nationaler Politikmaßnahmen, um den multidisziplinären und komplexen Inhalten der Agenda 2030 Rechnung zu tragen, kann eine strategische Planung zielführend sein. Bei der Einbindung der Ziele für nachhaltige Entwicklung in die innerstaatliche Planung müssen die staatlichen Stellen die jeweiligen nationalen Realitäten und Einschränkungen ebenso wie die bestehenden internationalen Verpflichtungen berücksichtigen (OECD, 2019[47]). In dieser Hinsicht zeigen die aus den bisherigen praktischen Ländererfahrungen gezogenen Lehren:

- In den Frühstadien der Politikgestaltung ist es wichtig, basierend auf der Problemermittlung Prioritäten festzulegen. Die Staaten verfügen in der Regel nicht über die nötigen Ressourcen, um alle Probleme zu beheben (zumindest nicht gleichzeitig). Priorisierung kann zu realistischeren Zusagen und besser gestalteten Maßnahmen und somit zu glaubwürdigeren staatlichen Planungen führen.
- Planung muss systematisch erfolgen, um die verschiedenen Pläne ebenso wie die auf ein gemeinsames Ziel ausgerichteten lang-, mittel- und kurzfristigen Politikprioritäten aufeinander abzustimmen.
- Bei der strategischen Planung muss sichergestellt werden, dass Politikinstrumente wie Budgetierung, Regelungen und Personalplanung auf die jeweilige Strategie ausgerichtet sind. Grundsatz 2 der *OECD Recommendation on Budgetary Governance* (OECD, 2015[48]) [OECD/LEGAL/0410] soll den Politikverantwortlichen dabei helfen, den Haushalt als wesentliches Politikinstrument zu nutzen, um die mittelfristigen strategischen Prioritäten des Staats zu verwirklichen – darunter diejenigen, die auf den Zielen für nachhaltige Entwicklung beruhen.
- Die Obersten Rechnungskontrollbehörden können bei der Gestaltung der Rahmenbedingungen für eine strategischere Entscheidungsfindung ebenfalls eine entscheidende Rolle spielen. Aufgrund ihrer Prüfungstätigkeit können diese Stellen die Angemessenheit von Prozessen evaluieren, die dazu dienen, langfristige Visionen festzulegen und die Übersetzung von Zielen in Maßnahmen zu planen (OECD, 2016[18]).
- Die jüngsten Erfahrungen in den OECD-Mitgliedsländern zeigen, dass eine strategische Planung die Legitimität der Politikgestaltung und den Bestand von Politikmaßnahmen über die jeweilige Legislaturperiode hinaus verbessern kann, wenn der Planungsprozess offen ist und die beteiligten Akteur*innen beispielsweise im Rahmen von Bürgerbeteiligungsmechanismen aktiv mitwirken können (OECD, 2018[23]).

Kasten 3.1. Norwegens Instructions for Official Studies

Am 19. Februar 2016 verabschiedete Norwegen Anweisungen für die Vorbereitung von Maßnahmen der Zentralregierung (Instructions for the Preparation of Central Government Measures – „Instructions for Official Studies"). Die Anweisungen gelten für ein breites Spektrum von Maßnahmen der Zentralregierung und regeln u. a. den Zeitplan für den Politikgestaltungsprozess, die Koordinierung der beteiligten Handelnden, Folgenabschätzungen, öffentliche Anhörungen und Alternativvorschläge. Die Anweisungen und die dazugehörigen Leitlinien sollen in Bezug auf Maßnahmen der Zentralregierung sinnvolle Vorgaben für den Entscheidungsprozess fördern. Dazu gehört, dass die Beweggründe für Entscheidungen dargelegt werden, ehe darüber entschieden wird, welche Maßnahme umgesetzt werden sollte.

Quelle: Im Rahmen des Konsultationsprozesses für dieses Eckpunktepapier von Norwegen zur Verfügung gestelltes Praxisbeispiel.

Politikgestaltungskompetenzen

Beschäftigte des öffentlichen Diensts sind mit Problemen beispielloser Komplexität in zunehmend pluralistischen Gesellschaften befasst. Parallel dazu haben sich die Verwaltungsinstrumente weiterentwickelt. Sie zeichnen sich nunmehr durch einen höheren Grad an Digitalisierung, Offenheit und Vernetzung aus. Die erste Herausforderung besteht daher darin festzustellen, welche Kompetenzen heute und in Zukunft für die Politikformulierung und -gestaltung benötigt werden. Die OECD hebt eine Reihe von Kompetenzen für einen leistungsfähigen öffentlichen Dienst hervor: 1. Kompetenzen im Bereich der Politikgestaltung, 2. Kompetenzen im Bereich der Bürgerbeteiligung und der Leistungserbringung, 3. Kompetenzen im Bereich der Auftragsvergabe und der Beschaffung und 4. Kompetenzen im Bereich der Steuerung von Netzwerken.

Kompetenzen im Bereich der Politikgestaltung sind für die Phase der Politikformulierung besonders wichtig. Sie kombinieren klassische Fähigkeiten, wie z. B. die Fähigkeit, auf Daten beruhenden, ausgewogenen und objektiven Rat zu erteilen und zugleich (partei-)politischem Druck zu widerstehen, mit einer Reihe neuer Kompetenzen, um die Erwartungen an eine digitale, offene und innovative Verwaltung zu erfüllen sowie technologische Veränderungen und die zunehmende Komplexität der Politikaufgaben zu meistern. Die Betonung evidenzbasierter Entscheidungen und Innovationen spiegelt die in Abschnitt 2.2 und 2.4 dieses Eckpunktepapiers festgelegten Prioritäten wider. Die politisch Verantwortlichen müssen wissen, wann und wie die institutionellen und administrativen Instrumente für Politikformulierung und -gestaltung einzusetzen sind. Daher ist es so wichtig, die professionellen, strategischen und Innovationskompetenzen zu stärken, um:

- **Politikaufgaben zu definieren**: Beschäftigte des öffentlichen Diensts müssen in der Lage sein, die grundlegenden Ursachen von Problemstellungen aufzuspüren und zu verstehen. Dies erfordert „analytische Fähigkeiten, um Sachverhalte aus unterschiedlichen Fachgebieten und/oder unterschiedliche Sichtweisen in einem einheitlichen Narrativ zusammenzufassen" (OECD, 2017[49]). Hierzu zählt die Fähigkeit, unterschiedliche und manchmal widersprüchliche Visionen korrekt zu interpretieren und miteinander zu verbinden sowie Politiken neu auszurichten und umzuformulieren. Ferner gehören dazu die Fähigkeit zum Netzwerken und digitale Kompetenzen, um die richtigen Akteur*innen und Sachverständigen außerhalb des öffentlichen Diensts ausfindig zu machen, die an der Politikformulierung mitwirken können.
- **Lösungen zu konzipieren**: Beschäftigte des öffentlichen Diensts müssen über die nötigen Kompetenzen verfügen, um mögliche Zukunftsszenarien zu verstehen und tragfähige Lösungen für künftige Herausforderungen zu finden. Hierzu könnten Kompetenzen im Bereich der Vorausschau

(Foresight) sowie systemisches und strukturelles Denken zählen, um die Wechselwirkungen zwischen internen und externen Akteur*innen zu verstehen und zu beeinflussen und das Fachwissen aus unterschiedlichen Gebieten zusammenzuführen. Sie müssen in der Lage sein, interne und externe Ressourcen zu erkennen und einzusetzen, die die Optimierung und Umsetzung der Lösung erleichtern. Sie benötigen ein Verständnis dafür, was in der jüngeren Vergangenheit funktioniert hat, und müssen empfehlenswerte Verfahrensweisen erkennen und anpassen können, um die Aufgaben von heute zu lösen.

- **die Politikagenda zu beeinflussen**: Spitzenbeamt*innen und diejenigen, die mit der Politikgestaltung betraut sind, müssen über Kompetenzen verfügen, um die politischen Rahmenbedingungen zu verstehen und die richtigen Gelegenheiten zu erkennen, um Initiativen voranzutreiben und Politiker*innen im Hinblick auf Optionen und Zielkonflikte zu beraten. Jenseits der Analyse technokratischer Fragen müssen öffentlich Bedienstete daher auch in der Lage sein, Sachverhalte abzuwägen, die politische und soziale Werte betreffen. Hierfür ist Urteilsvermögen erforderlich, um rechtzeitig Rat zu erteilen, Risiken und Ungewissheiten zu erkennen und zu steuern sowie Maßnahmenkonzepte zu erstellen, die den jeweils aktuellen politischen Imperativen Rechnung tragen. Darüber hinaus kann die Fähigkeit, politische Ideen – etwa anhand visueller Präsentationen und Storytelling – zu kommunizieren, für Interaktionen mit gewählten wie auch mit politisch ernannten Entscheidungsträger*innen von zentraler Bedeutung sein.

Wenn die staatlichen Stellen die für die Politikformulierung und -gestaltung benötigten Kompetenzen ermittelt haben, besteht die nächste Herausforderung darin zu bestimmen, wie der Staat diese Kompetenzen am besten ausbilden kann, um seine Ergebnisse zu verbessern (vgl. Kasten 3.2 für ein Beispiel). Die *OECD Recommendation on Public Service Leadership and Capability* (2019[9]) [OECD/LEGAL/0445] bietet den der Empfehlung zustimmenden Ländern Orientierungshilfe im Hinblick auf Möglichkeiten, Kapazitäten im öffentlichen Dienst aufzubauen, um diesen effektiv und vertrauenswürdig zu gestalten. Dies umfasst spezifische Grundsätze und Leitlinien, um

- kontinuierlich die Kompetenzen zu überprüfen, die benötigt werden, um politische Visionen in gesellschaftlich sinnvolle Dienstleistungen umzusetzen,
- Mitarbeiter*innen mit den benötigten Kompetenzen anzuwerben und zu halten,
- Einstellungen, Auswahl und Beförderungen im Rahmen transparenter und offener Verfahren nach Leistungskriterien vorzunehmen, um eine faire und gleiche Behandlung zu gewährleisten,
- durch Schaffung einer Lernkultur und günstiger Lernbedingungen im öffentlichen Dienst die nötigen Kompetenzen auszubilden und
- Leistung, Talent und Initiative zu beurteilen, zu belohnen und anzuerkennen.

Kasten 3.2. Konzept für eine kundenfreundliche öffentliche Verwaltung 2030 in der Tschechischen Republik

Das Konzept für eine kundenfreundliche öffentliche Verwaltung 2030 ist ein Strategiepapier, in dem die Entwicklung der tschechischen öffentlichen Verwaltung im Zeitraum 2021-2030 definiert ist. Darin wird eine Reihe von Maßnahmen hervorgehoben, mit denen die Politikgestaltungskompetenzen gestärkt werden sollen:

- Umsetzung evidenzbasierter Entscheidungsprozesse in der öffentlichen Verwaltung – einschließlich Fachschulungen für öffentlich Bedienstete, die für die analytische Forschung und Analyseberichte zuständig sind (strategisches Ziel 3.1.1)

- Einrichtung einer Arbeitsgruppe zur Zusammenarbeit von Analyseeinheiten sowie Bildung von Analyseteams innerhalb des öffentlichen Diensts – kooperative Netzwerk- und Webplattform für den Austausch analytischer Daten (strategisches Ziel 3.1.3, 3.1.4)
- Ausbildung von Kompetenzen, um zeitgerechte Politikberatung und -analysen durchzuführen bzw. zu liefern (strategisches Ziel 3.1.1)
- Schulungsmaßnahmen für Beschäftigte des öffentlichen Diensts mit Bürgerkontakt, um die kundenorientierte Kommunikation und die Dienstleistungen für die Bürger*innen zu verbessern; Einführung bzw. Nutzung eines E-Learning-Tools zur zentralisierten Schulung öffentlich Bediensteter zu allgemeinen bereichsübergreifenden Themen (strategisches Ziel 1.1.5, 4.3.1) – beides dient dazu, einen effektiven und vertrauenswürdigen öffentlichen Dienst zu schaffen

Quelle: Im Rahmen des Konsultationsprozesses für dieses Eckpunktepapier von der Tschechischen Republik zur Verfügung gestelltes Praxisbeispiel.

Digitale Fähigkeiten

Um allen wichtigen Beteiligten die Möglichkeit zu geben, bei der Formulierung von Politikmaßnahmen aktiv mit den politisch Verantwortlichen zusammenzuarbeiten, sind die digitalen Fähigkeiten der staatlichen Stellen von grundlegender Bedeutung. In der *OECD Recommendation on Open Government* (OECD, 2017[22]) [OECD/LEGAL/0438] wird hervorgehoben, dass neue Technologien und der digitale Fortschritt einen Politikgestaltungsprozess ermöglichen, der dank einer konstruktiveren Einbindung der betroffenen Akteur*innen stärker auf Partizipation und Akteursbeteiligung ausgerichtet ist. Tatsächlich sorgen digitale Instrumente für einen besseren Informationszugang und erhöhen daher die Bürgerbeteiligung an der Formulierung von Politikmaßnahmen. Dies kann zu einer ausgewogenen Entscheidungsfindung beitragen, welche einer der in Abschnitt 2.2 dieses Eckpunktepapiers beschriebenen Erfolgsfaktoren für eine solide Politikgestaltung ist.

Kasten 3.3. Digitalisierung und elektronische Fallbearbeitung an den lettischen Gerichten

Die Digitalisierung des Gerichtssystems in Lettland wird durch die Einführung des Portals manas.tiesas.lv veranschaulicht, das kostenfreie elektronische Gerichtsdienstleistungen anbietet. Über dieses Portal kann die breite Öffentlichkeit Gerichtsverfahren in jedem beliebigen Gericht in Lettland verfolgen. Mit dieser Maßnahme soll durch den Technologieeinsatz ein direkter Zugang zu den Gerichten ermöglicht werden. Zudem sollen die Übermittlung von Daten sowie die Dienstleistungserbringung für Bürger*innen und Unternehmen verbessert werden.

Darüber hinaus baut Lettland seit 2018 ein einheitliches elektronisches Verfahrenssystem für die Gerichte auf. Damit sollen die Verfahrensdauer verkürzt und ein breiterer Informationszugang geschaffen werden. Diese Maßnahme wird einen elektronischen Datenaustausch zwischen den einschlägigen Einrichtungen, Zugang zu Fallunterlagen und elektronische Aktualisierungen für Verfahrensbeteiligte umfassen. Statistische Daten werden in einem offenen Datenformat verfügbar gemacht.

Quelle: Im Rahmen des Konsultationsprozesses für dieses Eckpunktepapier von Lettland zur Verfügung gestelltes Praxisbeispiel; Tiesu Administracija:The Court Administration Judicial System in Latvia https://www.ta.gov.lv/UserFiles/TA_buklets_ENG.pdf.

Das neue digitale Umfeld ermöglicht und verstärkt sich rasch verändernde Beziehungen zwischen den beteiligten Akteur*innen und deren Dynamik. An diese Veränderungen muss sich der öffentliche Sektor rasch anpassen (OECD, 2014[31]). In der *OECD Recommendation on Digital Government Strategies* (OECD, 2014[31]) [OECD/LEGAL/0406] wird betont, dass die neuen digitalen Möglichkeiten auch die

Erwartungen in Bezug auf die Leistungsfähigkeit der staatlichen Verwaltung verändern, wenn es gilt, einen Mehrwert für die Allgemeinheit zu schaffen. Folglich werden die staatlichen Stellen aufgefordert, bei der Regelung digitaler Technologien Effizienz mit anderen gesellschaftspolitischen Zielen zu verbinden. Eine solide Strategie für die digitale Verwaltung geht daher mit den in Abschnitt 2.4 dieses Eckpunktepapiers erörterten Erfolgsfaktoren Changemanagement und Innovation Hand in Hand.

Kasten 3.4. Das Webportal für die öffentlichen Haushalte in Norwegen

Die norwegische Behörde für Finanzmanagement startete im Oktober 2017 das Webportal statsregnskapet.no („öffentliche Haushalte des Staats"). Das Portal bietet aktuelle Finanzdaten für alle Ministerien und Behörden auf Ebene der Zentralregierung mit Suchfunktionen nach Haushaltskapitel und Standardkontenplan. Hierdurch wird eine Grundlage für behördenübergreifende Vergleiche und die Analyse von Trends beim Ressourcenverbrauch im Zeitverlauf in einem offenen Datenformat geschaffen.

Quelle: Im Rahmen des Konsultationsprozesses für dieses Eckpunktepapier von Norwegen zur Verfügung gestelltes Praxisbeispiel.

Allerdings sind die staatlichen Stellen häufig noch nicht angemessen ausgestattet, um digitale Innovationen und neue Technologien zu nutzen. Außerdem verfügen die Beschäftigten des öffentlichen Diensts – wie in Abschnitt 3.1.2 dieses Eckpunktepapiers beschrieben – oft nicht über die nötige Ausbildung, um neue Technologien zu nutzen. In Anbetracht des digitalen Fortschritts und der damit einhergehenden Verbesserung der Möglichkeiten, den Politikprozess zu leiten bzw. zu steuern, müssen die staatlichen Stellen regelmäßig ihre digitalen Fähigkeiten überprüfen. So können diese angepasst werden, um den Unwägbarkeiten des sich ständig verändernden digitalen Umfelds Rechnung zu tragen. Zu diesem Zweck können Regierungen der Verwaltung bei der Digitalisierung Rückendeckung geben, indem sie die interministerielle Zusammenarbeit fördern und die Koordinierung der maßgeblichen staatlichen Ebenen erleichtern. Wenn es der Verwaltung nicht gelingt, mit dem Wandel Schritt zu halten, könnte dies zu ernsthaften Sicherheitsverletzungen und in der Folge zum Verlust des Vertrauens der Bürger*innen in die öffentlichen Institutionen führen. Daher sollte im Rahmen der Strategien für die Digitalisierung der Verwaltung im Hinblick auf Sicherheits- und Datenschutzanliegen auch ein Risikomanagementansatz verfolgt werden (OECD, 2014[31]).

Die *OECD Recommendation on Digital Government Strategies* (OECD, 2014[31]) [OECD/LEGAL/0406] hilft den Staaten dabei, kohärentere und strategischere, an den digitalen Fähigkeiten der jeweiligen Regierung ausgerichtete Ansätze für „die Nutzung digitaler Technologien in allen Bereichen und auf allen Verwaltungsebenen" einzuführen, um eine offenere, auf Partizipation ausgerichtete und innovative Verwaltung zu fördern. Für sich genommen sind digitale Instrumente kein Erfolgsgarant, sodass es unerlässlich ist, Strategien und Standards für ihre Nutzung zu erarbeiten. Im Hinblick auf die Entwicklung und Umsetzung von Strategien für die Digitalisierung der Verwaltung enthält die *Recommendation on Digital Government Strategies* folgende Empfehlungen:

- Die staatlichen Stellen sollten eine transparentere, offenere und inklusivere Gestaltung der Verwaltungsverfahren und -praktiken sicherstellen (Grundsatz 1), und
- sie sollten die Einbeziehung und Mitwirkung von Akteuren des öffentlichen und privaten Sektors und der Zivilgesellschaft im Rahmen der politischen Entscheidungsfindung sowie der Gestaltung und Erbringung öffentlicher Dienstleistungen fördern (Grundsatz 2).

Kernfragen

- Verfügt die Verwaltung in Ihrem Land über ein solides mehrjähriges strategisches Planungskonzept? Sind die Strategiepläne nach diesem Konzept miteinander und mit dem Staatshaushalt verknüpft?
- Wurden seitens der staatlichen Stellen konkrete Maßnahmen ergriffen, um im öffentlichen Dienst Kompetenzen im Bereich Politikformulierung und -gestaltung aufzubauen (z. B. in Form von Einstellungs-, Beförderungs- und Schulungskonzepten)?
- Wurden in ihrem Staat Rechtsvorschriften erlassen oder Maßnahmen ergriffen, um die IKT-Nutzung zu erleichtern und so die Akteursbeteiligung sowie partizipative Ansätze zur Entscheidungsfindung und zur Gestaltung und Erbringung von Dienstleistungen zu fördern?
- Wird die Effizienz des öffentlichen Beschaffungswesens durch die Verwaltung in ihrem Staat evaluiert?

Strategische Nutzung von Instrumenten der Politik

Während der Phase der Problemermittlung und der Politikformulierung müssen die politisch Verantwortlichen nicht nur entscheiden, was zu tun ist; sie müssen bei der Festlegung der angestrebten Ziele auch prüfen, wie die jeweilige Aufgabe am besten zu lösen ist. Hierfür müssen sie die Kosten und Wirkungen der Lösungsvorschläge erörtern. Im Rahmen dieses Prozesses müssen sie entscheiden, mit welchen substanziellen Politikinstrumenten sich die Aufgaben am besten bewältigen und Lösungen umsetzen lassen. Dabei handelt es sich um „die tatsächlichen Mittel, mit denen die staatlichen Stellen Maßnahmen umsetzen" (Howlett, Ramesh und Perl, 2009[42]). Im Bereich der öffentlichen Governance hebt die OECD die Bedeutung **der Haushaltsplanung und der Rechtssetzung als Politikinstrumente** hervor, um sicherzustellen, dass Maßnahmen so gestaltet sind, dass die angestrebten Ziele so effizient wie möglich erreicht und neue Herausforderungen bewältigt werden können.

Regulierungspolitik und Governance

Rechtsvorschriften sind ein zentrales Politikinstrument, mit dem Staaten in das Wirtschaftsleben eingreifen und die gesellschaftliche Entwicklung steuern. Die politischen Entscheidungsträger*innen können die Rechtssetzung als Instrument einsetzen, indem sie verbindliche Regeln festlegen oder den Zugang zu bestimmten Leistungen und/oder Vorteilen direkt oder indirekt einschränken. Wenn Regelungen verhält nismäßig, zielgerichtet und intelligent sind, können sie die gesellschaftlichen, wirtschaftlichen und ökologischen Rahmenbedingungen verbessern. Unzulängliche Regelungen können hingegen schwerwiegende Folgen haben, namentlich nicht umsetzungsfähige Gesetze und häufige Gesetzesänderungen, die die Rechtssicherheit und das Geschäftsumfeld beeinträchtigen. Um sicherzustellen, dass Rechtsvorschriften zu keinem überhöhten Bürokratieaufwand führen, fordert die OECD die Staaten auf, übermäßig wettbewerbsbeschränkende Maßnahmen zu ermitteln und durch wettbewerbsfreundlichere Alternativen zu ersetzen. In der *OECD Recommendation on Competition Assessment* (OECD, 2009[50]) [OECD/LEGAL/0376], für die der Wettbewerbsausschuss der OECD verantwortlich zeichnet, wird den Staaten empfohlen, weitere Anstrengungen zu unternehmen, um die Anzahl übermäßig restriktiver Rechtsvorschriften zu verringern und vorteilhafte Marktaktivitäten zu fördern.

Die globale Finanz- und Wirtschaftskrise von 2008 und die ihr zugrunde liegenden Governance- und Regulierungsdefizite haben gezeigt, wie wichtig Regulierungspolitik als Instrument für eine solide Politikgestaltung ist. Ein gut funktionierender nationaler Regulierungsrahmen für transparente und effiziente Märkte ist von zentraler Bedeutung, um neues Vertrauen aufzubauen und das Wirtschaftswachstum wiederherzustellen (OECD, 2012[27]). Darüber hinaus können solide Rechtsvorschriften den Verantwortlichen in der

Politik letztlich dabei helfen, grundlegende gesellschaftliche Ziele etwa in den Bereichen Gesundheit, Soziales und öffentliche Sicherheit zu verwirklichen. Zudem stellen sie ein wichtiges Instrument dar, um ökologische Herausforderungen zu bewältigen.

Die richtigen Regelungen einzuführen, um Politikprobleme zu lösen, ist jedoch eine fortwährend anspruchsvolle Aufgabe. Die Entscheidungsträger*innen müssen evaluieren, ob eine Regelung nötig ist bzw. inwieweit andere Mittel jenseits von Regulierungsinstrumenten – z. B. Sensibilisierungs- und Kommunikationskampagnen, Selbstregulierung oder Koregulierung – effektiver und effizienter zur Verwirklichung der Politikziele führen könnten. Um den staatlichen Stellen dabei zu helfen, eine Regulierungspraxis umzusetzen und voranzutreiben, mit der die erklärten Politikziele erreicht werden, gibt die *Recommendation on Regulatory Policy and Governance* (OECD, 2012[27]) [OECD/LEGAL/0390] folgende Handreichungen:

- Sie bietet klare und aktuelle Orientierungen zu den Grundsätzen, Mechanismen und Institutionen, die erforderlich sind, um die Konzeption, Durchsetzung und Überprüfung ihrer Regulierungsrahmen so zu verbessern, dass sie den höchsten Standards genügen.
- Sie gibt Hinweise, wie die Rechtssetzung effektiv genutzt werden kann, um bessere soziale, ökologische und wirtschaftliche Ergebnisse zu erzielen, und
- sie fordert ein ressortübergreifendes Reformkonzept, das den Schwerpunkt auf Konsultation, Koordinierung, Kommunikation und Kooperation legt, um die aus den Verflechtungen der Sektoren und Volkswirtschaften resultierenden Herausforderungen zu bewältigen.

Die *Recommendation on Regulatory Policy and Governance* ist das erste umfassende internationale Papier zur Regulierungspolitik seit der Finanzkrise. Es enthält Ratschläge für die politischen Entscheidungsträger*innen zur Gestaltung und zur Qualität der Rechtssetzung in der Phase der Politikformulierung. In der Empfehlung wird die Bedeutung der in Kapitel 1 und in der *OECD Recommendation on Open Government* (OECD, 2017[22]) [OECD/LEGAL/0438] beleuchteten Governance-Werte hervorgehoben. Dazu zählen Transparenz und Teilhabe am Regulierungsprozess, um sicherzustellen, dass Regulierung dem öffentlichen Interesse dient und von den legitimen Bedürfnissen der an Regulierung Interessierten und davon Betroffenen geleitet wird.

Transparenz kann einen positiven Effekt auf die Rechenschaftslegung der Verantwortlichen haben und das Vertrauen der Bürger*innen in den Regulierungsrahmen steigern. In der *Recommendation on Open Government* wird die Rolle öffentlicher Konsultationen hervorgehoben, um die Betroffenen in alle Aspekte des Politikgestaltungsprozesses einzubeziehen. Dies schließt die Erwägung und Erörterung von Regelungsalternativen ebenso mit ein wie den Erstellungsprozess. Konsultation und Teilhabe verbessern letztlich die Transparenz und die Qualität von Rechtsvorschriften, da die Ideen, Informationen und sonstiges Datenmaterial der betroffenen Akteur*innen in die Gestaltung der Politikmaßnahmen einfließen können. Die staatlichen Stellen sollten wiederum transparent kommunizieren, inwiefern die Konsultationen den Prozess beeinflusst haben, um einen dauerhaften Dialog zwischen externen Beteiligten und staatlichen Stellen zu fördern.

Konsultationen mit externen Beteiligten tragen entscheidend dazu bei zu verhindern, dass Regulierungsstellen – vor allem während der Phase der Politikformulierung – einseitig beeinflusst werden. Damit helfen sie sicherzustellen, dass Regulierungsstellen im öffentlichen Interesse handeln und dem gesellschaftlichen Zusammenhalt dienen. In der *OECD Recommendation on Public Integrity* (OECD, 2017[11]) [OECD/LEGAL/0435] wird ferner unterstrichen, wie wichtig es ist, gleiche Rahmenbedingungen zu schaffen, indem allen Akteur*innen – insbesondere solchen mit unterschiedlichen Interessen – die Möglichkeit geboten wird, sich an der Erarbeitung von Maßnahmen der Politik zu beteiligen. Hierfür muss einerseits sichergestellt werden, dass die betroffenen Akteur*innen an den Politikgestaltungsverfahren konstruktiv mitwirken, und andererseits bei Lobbyarbeit und Parteienfinanzierung Integrität und Transparenz herrscht. Insgesamt können Transparenz und Akteursbeteiligung (die auch wichtige Komponenten der *OECD Recommendation on Open Government* (OECD, 2017[22]) [OECD/LEGAL/0438] sind, wie in Abschnitt 1.2 erörtert) das Vertrauen in den Staat weiter erhöhen, die Inklusivität von Rechtsvorschriften verbessern und zu einer größeren Gesetzestreue beitragen, da sich die Betroffenen stärker mit den Normen identifizieren.

Die Mehrzahl der OECD-Mitgliedsländer hat Verfahren eingeführt, um betroffene Akteur*innen an der Ausarbeitung von Rechtsvorschriften zu beteiligen. Die Beteiligung kann unterschiedlich gestaltet werden. Das Spektrum reicht dabei von öffentlichen Online-Konsultationen bis hin zu informellen Beteiligungsformen. In den Ländern mit der stärksten Beteiligung betroffener Akteur*innen an der Ausarbeitung von Rechtsvorschriften wurden beispielsweise die Konsultationsverfahren für alle betroffenen Parteien geöffnet; außerdem werden alle Stellungnahmen solcher Beteiligten sowie Antworten der staatlichen Stellen veröffentlicht (vgl. Abbildung 3.1).

Abbildung 3.1. Akteursbeteiligung bei der Ausarbeitung untergesetzlicher Regelungen, 2018

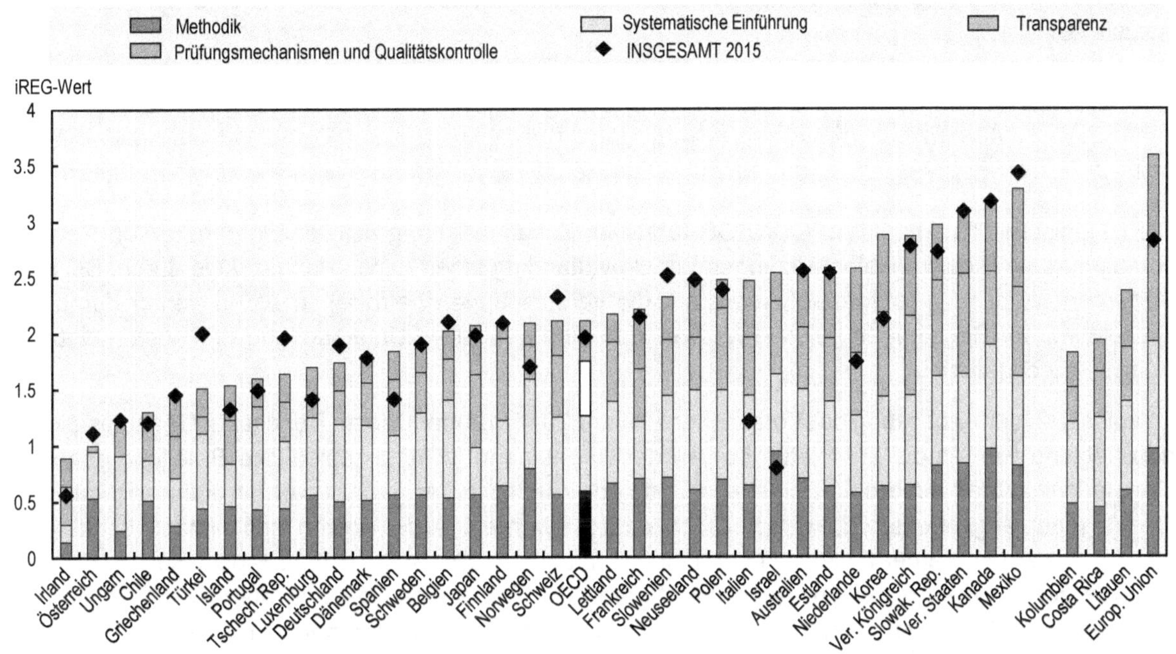

Anmerkung: Die statistischen Daten für Israel wurden von den zuständigen israelischen Stellen bereitgestellt, die für sie verantwortlich zeichnen. Die Verwendung dieser Daten durch die OECD erfolgt unbeschadet des völkerrechtlichen Status der Golanhöhen, von Ost-Jerusalem und der israelischen Siedlungen im Westjordanland.

Quelle: OECD (o. J.[51]), *Indicators of Regulatory Policy and Governance,* Surveys 2014 und 2017, http://oe.cd/ireg.

Um Nutzen, Kosten und Wirkungen verschiedener regulatorischer und alternativer Lösungen in der Phase der Politikformulierung zu beurteilen, bieten Ex-ante-**Folgenabschätzungen** den Verantwortlichen ein wichtiges Instrument, um die jeweils beste Lösung für konkrete Politikprobleme zu finden. Die Erfahrungen der OECD-Länder haben gezeigt, dass Ex-ante-Folgenabschätzungen eine effizientere Regulierung ermöglichen und die politisch Verantwortlichen in die Lage versetzen, den für die Verwirklichung der gesteckten Ziele jeweils am besten geeigneten Lösungsansatz zu ermitteln. In der *OECD Recommendation on Regulatory Policy and Governance* (OECD, 2012[27]) [OECD/LEGAL/0390] wird vorgeschlagen, dass die Staaten Folgenabschätzungen in ein frühes Stadium des politischen Verfahrens zur Formulierung neuer Regulierungsvorschläge aufnehmen. Ferner enthält die Empfehlung Hinweise zur Gestaltung und zur Umsetzung von Folgenabschätzungen.

Folgenabschätzungen können dazu beitragen, die Politikkohärenz zu verbessern, indem sie Zielkonflikte in den Regelungsvorhaben aufdecken und die potenziellen Nutznießer von Rechtsvorschriften ermitteln.

Zudem können sie zu einer stärker evidenzbasierten Politikgestaltung beitragen und Regulierungsversagen in Fällen vorbeugen, in denen entweder gar kein Regulierungsbedarf besteht oder in denen es Regulierungsdefizite gibt. Die Datenerhebung im Rahmen des Folgenabschätzungsverfahrens kann dazu führen, dass die Politik in der Formulierungsphase stärker Rechenschaft über ihre Entscheidungen ablegt. Darüber hinaus können externe Aufsichts- und Kontrollstellen wie die Obersten Rechnungskontrollbehörden prüfen, ob die Ausarbeitung von Rechtsnormen mit einer kohärenten, evidenzbasierten und verlässlichen Folgenabschätzung einherging (OECD, 2017[36]). In der *OECD Recommendation on Public Integrity* (2017[11]) [OECD/LEGAL/0435] wird die entscheidende Rolle betont, die diese Behörden bei der Förderung der Rechenschaftspflicht in staatlichen Entscheidungsprozessen spielen.

Für die Durchführung von Folgenabschätzungen haben alle OECD-Mitgliedsländer formelle Vorgaben eingeführt und Methoden entwickelt (OECD, 2018[52]). Idealerweise sollten Folgenabschätzungen nicht nur die potenziellen Kosten und Nutzeffekte von Regelungsvorhaben prüfen, sondern auch darauf abzielen, etwaige Probleme der Regeleinhaltung und -durchsetzung im Zusammenhang mit einer Rechtsvorschrift festzustellen.

Kasten 3.5. Evaluierungszyklus der CONSOB im Hinblick auf die Einführung und Überprüfung des nationalen Ordnungsrahmens für Eigenkapitalbeteiligungen per Crowdfunding in Italien

Die italienische Börsenaufsicht CONSOB führte im Zusammenhang mit der Einführung von Rechtsvorschriften für Eigenkapitalbeteiligungen per Crowdfunding einen Evaluierungszyklus durch. Bei dem Verfahren wurde u. a. aufgezeigt, wie stark die verschiedenen betroffenen Akteur*innen durch die Umsetzung der Regelungen belastet werden, und eine qualitative Untersuchung der Kosten-Nutzen-Analyse durchgeführt.

Im anlässlich der Anpassung der Vorschriften im Jahr 2013 veröffentlichten Bericht zur Gesetzesfolgenabschätzung werden die erwarteten Folgen der Regelungen für unterschiedliche Beteiligte genannt. Der Bericht enthält auch eine Folgenabschätzung, anhand derer geprüft werden kann, ob die vom Gesetzgeber angestrebten Ziele tatsächlich erreicht werden. Auch Kosten und Nutzen können so geschätzt werden. Ferner findet sich darin eine Reihe von Indikatoren für die Ex-post-Kosten-Nutzen-Analyse der Rechtsvorschriften. Nach Inkrafttreten der Regelungen begann die CONSOB mit dem Monitoring; die Grundlage hierfür bildeten die für die Quantifizierung der Indikatoren erhobenen Daten und die Ergebnisse der Konsultationsverfahren.

Infolge dieser Evaluierung ermittelte die CONSOB eine alternative Handlungsoption. Diese besteht darin, die Schutzvorkehrungen zu stärken, um tatsächlich ein vertrauenswürdiges Investitionsumfeld zu schaffen und die Belastung aller beteiligten Akteur*innen auf ein Mindestmaß zu begrenzen. Bei diesen handelt es sich um diejenigen, die in der Lage sind, das Kosten-Nutzen-Verhältnis zu maximieren sowie sachkundige Investitionen und hohe Dienstleistungsstandards aufseiten der Portale zu fördern. Die erwarteten Nutzeffekte und Kosten der überarbeiteten Rechtsvorschriften wurden im Rahmen einer anschließenden Konsultation vorgestellt.

Quelle: Im Rahmen des Konsultationsprozesses für dieses Eckpunktepapier von Italien zur Verfügung gestelltes Praxisbeispiel.

Haushaltsgovernance

Ein weiteres Instrument der Politik für eine solide öffentliche Governance ist die Haushaltsführung. Der Haushalt spiegelt die politischen Prioritäten der Regierung wider. Zudem übersetzt er politische Zusagen und Ziele in Entscheidungen über die zur Verwirklichung dieser Ziele zugewiesenen finanziellen Mittel und über die beabsichtigte Generierung dieser Mittel. Er dient der Regierung dazu, ihre Ausgabenprioritäten im Zusammenhang mit der Verfolgung ihrer strategischen Ziele festzulegen und die Maßnahmen in einer Reihenfolge abzuarbeiten, die der im Haushaltsrahmen festgelegten Mittelverteilung Rechnung trägt. Wie weiter oben in Abschnitt 3.1.1 erwähnt, stimmen Regierungen ihre Planungsprioritäten systematischer auf die Ausgabenprioritäten ab, indem sie Planung und Haushaltsführung stärker miteinander verzahnen. Dies ist vor allem dann der Fall, wenn der Staat eine ergebnisorientierte Haushaltsführung verfolgt (vgl. Kasten 3.6 zu Estlands diesbezüglichen Bemühungen). In Verbindung mit einer strategischen Planung kann die Haushaltsgovernance eine Mittelverteilung begünstigen, die in höherem Maße zur Gestaltung von Maßnahmen führt, mit denen die nationalen Ziele für nachhaltige Entwicklung umgesetzt werden. Auch die Kontinuität dieser Politikziele über Legislaturperioden hinaus lässt sich so sicherstellen (OECD, 2019[47]). Unabhängige Beiräte, parlamentarische Haushaltsgremien und Oberste Rechnungskontrollbehörden können diesbezüglich einen Zweck erfüllen, indem sie beispielsweise die Haushaltsdebatten beaufsichtigen oder sicherstellen, dass dem Haushalt belastbare Annahmen zugrunde liegen. Darüber hinaus sind eine wirkungsvolle interne Kontrolle im öffentlichen Sektor und ein Risikomanagement unerlässlich, um sicherzustellen, dass die Staaten effiziente Politikmaßnahmen konzipieren, die rechtskonform, ethisch und finanziell angemessen sind.

Kasten 3.6. Ergebnisorientierte Haushaltsführung in Estland

Estland führt derzeit eine ergebnisorientierte Haushaltsführung ein. Im Mai 2019 billigte die Regierung die erste ergebnisorientierte Haushaltsstrategie des Landes für den Zeitraum 2020-2023 und den entsprechenden Staatshaushalt für 2020. Aufgrund dieser neuen Ergebnisorientierung müssen die Ministerien die Zahl der Programmziele verringern und die verbleibenden Ziele mit Leistungsindikatoren versehen. Diese Reformen sollen den öffentlichen Dienst effektiver und effizienter machen und die Entscheidungsfindung in Haushaltsangelegenheiten verbessern.

Quelle: Im Rahmen des Konsultationsprozesses für dieses Eckpunktepapier von Estland zur Verfügung gestelltes Praxisbeispiel.

Anhand der Haushaltszuweisungen können die Politikverantwortlichen bestimmte Maßnahmen strategisch fördern oder bremsen. Über die Staatsausgaben lässt sich beispielsweise das Dienstleistungs- oder Infrastrukturangebot beeinflussen, wenn es in Bereichen wie dem öffentlichen Gesundheitswesen oder dem Umweltschutz zu Marktunvollkommenheiten bzw. Marktversagen kommt. Außerdem können öffentliche Ausgaben als Hebel dienen, um Investitionen und Innovationen des privaten Sektors zu fördern (Kasten 3.7). Darüber hinaus können sie einen positiven Beitrag zum räumlichen, sozialen und wirtschaftlichen Zusammenhalt leisten. Durch den Einsatz von Haushaltsinstrumenten wie Steuern, Zöllen, Abgaben und Gebühren können die politisch Verantwortlichen Unternehmen oder Einzelpersonen ferner von bestimmten Verhaltensweisen im Wirtschafts- oder Privatleben abhalten.

Kasten 3.7. OECD-Konzept für Infrastrukturgovernance

Eine unzureichende Infrastrukturgovernance ist einer der häufigsten Hemmschuhe für eine langfristige Entwicklung. Sie beeinträchtigt nicht nur die Fähigkeit des öffentlichen Sektors, eine hochwertige Infrastruktur bereitzustellen, sondern hat auch einen negativen Effekt auf die Investitionstätigkeit des privaten Sektors. Eine gute Governance fördert Kosteneffizienz und führt dazu, dass die Mittel fließen, wohingegen eine schlechte Governance zu Fehlinvestitionen führt und weitere Investitionen daher behindert.

Das OECD-Konzept für Infrastrukturgovernance wurde von den nationalen Regierungen und anderen internationalen Organisationen als wichtigstes Rahmenkonzept anerkannt, um sicherzustellen, dass die Staaten in die richtigen Vorhaben investieren – und zwar so, dass Kosteneffizienz, Finanzierbarkeit und das Vertrauen von Investor*innen, Nutzer*innen und Bürger*innen gewährleistet werden. Nach 5 Jahren der Umsetzung wird vorgeschlagen, das Konzept zu aktualisieren und im Zuge dessen in eine OECD-Empfehlung einzubetten. Das Konzept soll den Staaten helfen, die Steuerung ihrer Infrastrukturpolitik zu verbessern – von der strategischen Planung bis hin zur Verwirklichung der einzelnen Vorhaben. Es stützt sich auf zehn wichtige Aspekte der Infrastrukturgovernance, darunter die Festlegung einer langfristigen nationalen strategischen Vision für den Infrastrukturbereich, die Verzahnung der Infrastrukturpolitik mit anderen staatlichen Prioritäten, Mechanismen für die ressort- und ebenenübergreifende Koordinierung der Infrastrukturpolitik sowie die Beteiligung und Konsultation der betroffenen Akteur*innen. Außerdem werden Monitoringverfahren betrachtet, mit denen die Infrastrukturergebnisse über die gesamte Lebensdauer hinweg überwacht werden können, sowie die zur Wahrung der Integrität in jeder Phase der Infrastrukturvorhaben erforderlichen Maßnahmen. Auch auf die Verfahren, mit denen Machbarkeit, Finanzierbarkeit und Kosteneffizienz gewährleistet werden, wird eingegangen, ebenso wie auf die Voraussetzungen, die erfüllt sein müssen, damit Vorhaben mit privater Beteiligung zu besseren Ergebnissen führen können.

Quelle: OECD (2017[56]), *Getting Infrastructure Right: a Framework for Better Governance.*

Zusammen mit einem effektiven Ausgabenmanagement kann eine Reform der Steuerpolitik und der Steuerverwaltung ein entscheidender Ausgangspunkt sein, um die staatlichen Kapazitäten zu verbessern und nötige Reformen einzuleiten (OECD, 2013[55]). Darüber hinaus geht das Steuerwesen häufig mit Forderungen nach größerer Reaktivität und Rechenschaftspflicht zusammen mit einem besseren Ausgabenmanagement einher. Umgekehrt wiederum schafft Steuerabhängigkeit Anreize für die staatliche Verwaltung, empfänglicher für die Forderungen der Öffentlichkeit zu sein. Für die Steuerpolitik ist es allerdings eine Gratwanderung, dem Staat Einnahmen zu sichern, ohne Innovationen, Produktivität und ein inklusives Wirtschaftswachstum zu behindern. Das OECD-Zentrum für Steuerpolitik und -verwaltung unterstützt den Ausschuss für Steuerfragen und seine Organe bei ihren Arbeiten, um den Staaten bei der Konzipierung solider Steuerpolitiken und Reformen der Steuerverwaltung zu helfen. So bietet beispielsweise die Global Revenue Statistics Database den größten öffentlichen Bestand an Vergleichsdaten zum Steueraufkommen und stärkt damit die Fähigkeit der Staaten, Steuerreformen zu konzipieren und umzusetzen. Zusätzlich bietet die Tax Administration Series der OECD internationale Vergleichsdaten zu bestimmten Aspekten der Steuersysteme und der Steuerverwaltung in 58 fortgeschrittenen und aufstrebenden Volkswirtschaften.

Mit einem auf Inklusivität abzielenden Haushalt lässt sich darauf hinwirken, dass während der Phase der Politikformulierung auf eine stärkere Inklusivität der Maßnahmen geachtet wird. Die Einbeziehung einer Genderperspektive bei Haushaltsentscheidungen, die durch besondere Verfahren und Analyseinstrumente ermöglicht wird, kann dazu beitragen, geschlechtergerechte Maßnahmen zu fördern, die bestehenden geschlechtsspezifischen Ungleichheiten bzw. Unterschieden entgegenwirken. Der *OECD Budget Practices and Procedures Survey* von 2018 hat gezeigt, dass fast die Hälfte der OECD-Mitgliedsländer (17 Länder) Genderfragen im Haushaltsverfahren bereits systematisch berücksichtigt (OECD, 2018[53]).

Die Berücksichtigung von **Umweltbelangen in den Haushaltsplanungsunterlagen** und im Haushaltsrahmen, vor allem auch im Jahreshaushalt, kann den Staaten dabei helfen, die Finanzierung und Umsetzung von Maßnahmen sicherzustellen, die der Erreichung ihrer Umweltziele dienen. Durch Abstimmung der nationalen Ausgaben- und Einnahmenstrukturen auf Klimaschutzziele und umweltpolitische Maßnahmen können die Staaten außerdem besser Rechenschaft über ihre Zusagen ablegen und auf einen ökologisch nachhaltigeren Entwicklungspfad einschwenken, wie es das Pariser Klimaabkommen und die Ziele für nachhaltige Entwicklung der Vereinten Nationen vorsehen. Damit Staaten zwischen konfligierenden Zielen Abwägungen treffen können – beispielsweise zwischen Industriewachstum und biologischer Vielfalt – kommt es entscheidend auf die Haushaltsführung an (OECD, 2019[47]).

Abbildung 3.2. Status des Gender Budgeting 2019

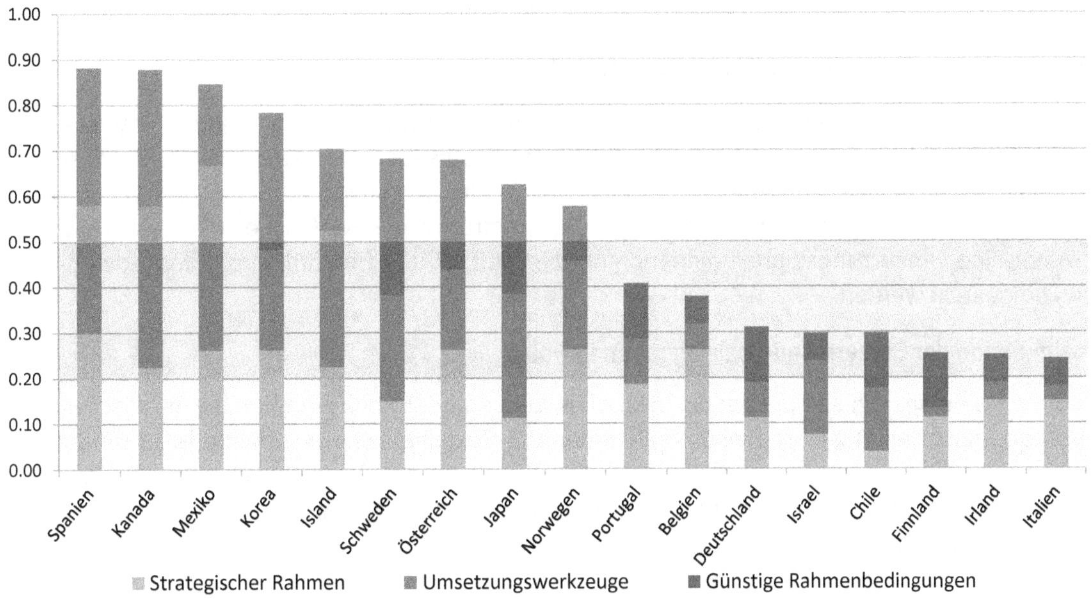

1.00
0.90
0.80
0.70
0.60
0.50
0.40
0.30
0.20
0.10
0.00

Spanien, Kanada, Mexiko, Korea, Island, Schweden, Österreich, Japan, Norwegen, Portugal, Belgien, Deutschland, Israel, Chile, Finnland, Irland, Italien

Strategischer Rahmen ■ Umsetzungswerkzeuge ■ Günstige Rahmenbedingungen

Anmerkung: Für die Vereinigten Staaten sind keine Daten verfügbar; Hinweis zu den Daten für Israel: http://dx.doi.org/10.1787/888932315602.
Quelle: OECD (2018[53]), *OECD Budget Practices and Procedures Survey*, Fragen 32 und 36, OECD, Paris.

In Anbetracht ihrer zentralen Bedeutung für die öffentliche Governance und die politische Entscheidungsfindung hat die OECD die *OECD Recommendation on Budgetary Governance* (OECD, 2015[48]) [OECD/LEGAL/0410] erarbeitet, die sich mit den Prozessen, Gesetzen, Strukturen und Institutionen befasst, mit denen sichergestellt wird, dass das Haushaltssystem seine Ziele effektiv, nachhaltig und dauerhaft erreicht (OECD, 2015[48]).

Abbildung 3.3. Die zehn Grundsätze einer guten Haushaltsführung

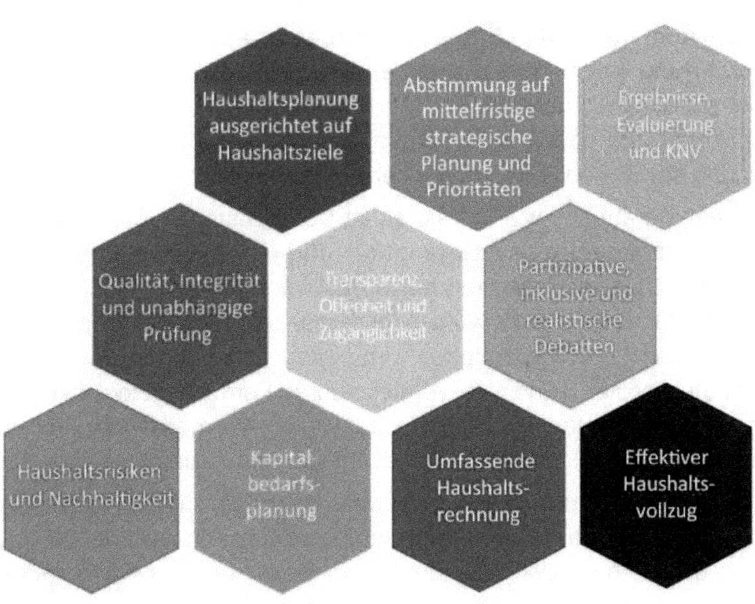

Quelle: *OECD Recommendation of the Council on Budgetary Governance* (OECD, 2015[48]).

Kasten 3.8. Maßnahmen zur Gewährleistung der Effizienz der öffentlichen Politik

Das Kosten-Nutzen-Team in der Slowakischen Republik

Das Kosten-Nutzen-Team des slowakischen Finanzministeriums arbeitet mit anderen Analyseeinheiten in verschiedenen Ministerien zusammen, um unnötige Staatsausgaben zu ermitteln. So müssen beispielsweise alle Investitionen, deren Umfang 40 Mio. EUR übersteigt, einer Kosten-Nutzen-Analyse durch das Team unterzogen werden. Das Regierungszentrum der Slowakischen Republik (Government Office) hat eine Umsetzungseinheit eingerichtet, die prüft, ob die Empfehlungen des Kosten-Nutzen-Teams umgesetzt werden.

Mikrosimulation der Steuern und Sozialabgaben in Polen

Das polnische Finanzministerium hat ein Mikrosimulationsmodell konzipiert, um die fiskalischen Kosten von Vorhaben auf den Gebieten Einkommensteuer und Sozialversicherungsbeiträge zu schätzen. Das Modell beruht auf Mikrodaten aus Steuererklärungen und von der Sozialversicherung. Es kommt zum Einsatz, um die fiskalischen Kosten von Änderungen der Einkommensbesteuerung, der Sozialversicherungsbeiträge und der Krankenversicherungsbeiträge zu schätzen. Fortgeschrittene Modellierungsinstrumente auf der Grundlage von Verwaltungsdaten auf Mikroebene ermöglichen die Beurteilung von Politikmaßnahmen und führen damit zu einer evidenzbasierten Politik.

Quelle: Im Rahmen des Konsultationsprozesses für dieses Eckpunktepapier von der Slowakischen Republik und von Polen zur Verfügung gestellte Praxisbeispiele.

Die *Recommendation on Budgetary Governance* gibt einen kurzen Überblick über empfehlenswerte Haushaltsverfahren und umfasst zehn Grundsätze, die den politischen Entscheidungsträger*innen Orientierungshilfe im Hinblick darauf bieten können, wie sich das Haushaltssystem nutzen lässt, um Politikziele zu erreichen und Zukunftsaufgaben zu bewältigen. Zusätzlich zu dem oben erwähnten Grundsatz 2 (zur Abstimmung des Haushalts auf die nationalen Prioritäten im Einklang mit Abschnitt 2.1 des Eckpunktepapiers) sind drei Grundsätze für die Phase der Politikformulierung besonders wichtig:

- **Grundsatz 3** fordert die Staaten auf, die Vorschriften für die **Kapitalbedarfsplanung so zu gestalten, dass sie dem nationalen Entwicklungsbedarf auf kosteneffiziente und kohärente Art und Weise Rechnung tragen**. Wie die Regierungen ihre Anlageinvestitionen priorisieren, planen, im Haushalt veranschlagen, bereitstellen, regulieren und evaluieren ist von grundlegender Bedeutung, um sicherzustellen, dass bei Infrastrukturvorhaben die Ziele im Hinblick auf die Zeit- und Haushaltsplanung sowie die Dienstleistungserbringung erreicht werden.
- **Grundsatz 4** weist darauf hin, wie wichtig es ist sicherzustellen, dass die **Haushaltsunterlagen und -daten offen, transparent und zugänglich sind und auf dem in Kapitel 1 des Eckpunktepapiers erörterten Wert der Offenheit beruhen**. Nur mit klaren, sachlichen Haushaltsberichten, die als Grundlage für die Politikformulierung dienen, können die Verantwortlichen hinreichend sachkundige Haushaltsbeschlüsse treffen, um Herausforderungen an die Politik zu bewältigen. Alle Haushaltsdaten sollten zudem in vergleichbarer Form vorgelegt werden, um mit den Bürger*innen, der Zivilgesellschaft und anderen Beteiligten Alternativen zu erörtern. Dies würde eine effektive Entscheidungsfindung und Rechenschaftslegung fördern.
- **Grundsatz 5** empfiehlt den politischen Entscheidungsträger*innen, eine **inklusive, partizipative und realistische Debatte über Haushaltsbeschlüsse** zu ermöglichen, die im allgemeinen öffentlichen Interesse getroffen werden müssen. Die Einbeziehung der Parlamente, Bürger*innen und Organisationen der Zivilgesellschaft in eine realistische Debatte über die wichtigsten Prioritäten,

Zielkonflikte, Opportunitätskosten und das Kosten-Nutzen-Verhältnis kann die Qualität von Haushaltsbeschlüssen verbessern. Voraussetzung für die Einbeziehung der Öffentlichkeit ist jedoch auch, dass Klarheit über die relativen Kosten und Nutzeffekte der Ausgaben des öffentlichen Sektors bzw. von Steuervergünstigungen herrscht. Das Vorlegen bürgerfreundlicher, verständlicher Haushaltsberichte ist ebenfalls wichtig, um das Interesse der Bürger*innen an der Haushaltsführung zu steigern.

Kernfragen

- Hat der Staat Maßnahmen, Einrichtungen und Instrumente eingeführt, um die Qualität und Kohärenz der Regulierungspolitik zu gewährleisten (z. B. Gestaltung, Kontrolle und Durchsetzung von Regeln in allen Sektoren)?
- Wurden Einrichtungen und Instrumente eingeführt, um die Einbeziehung der beteiligten Akteur*innen in den Prozess der Politikformulierung sicherzustellen (wozu die Information der betroffenen Parteien über die politischen Absichten und ein interaktiver Dialog mit den beteiligten Akteur*innen während des Prozesses der Politikformulierung zählen)?
- Inwiefern werden Folgenabschätzungen genutzt, um die allgemeineren Auswirkungen und Folgen von Regelungen – u. a. für den Wettbewerb, KMU und das Investitionsklima – zu evaluieren?
- Sind in Ihrem Staat Jahreshaushalt, mehrjährige Haushaltsplanung und Investitionsausgabenplanung auf die strategischen Politikziele wie z. B. die nationalen Entwicklungspläne oder die Ziele für nachhaltige Entwicklung abgestimmt?
- Gibt es in Ihrem Staat Mechanismen, um den Haushalt transparenter zu gestalten und während des Haushaltsverfahrens mit betroffenen Akteur*innen wie den Bürger*innen sowie Organisationen der Zivilgesellschaft zu erörtern?
- Wurden in Ihrem Staat konkrete Maßnahmen umgesetzt oder ist dies geplant, um bei Haushaltsbeschlüssen die Genderperspektive zu berücksichtigen?
- Wurden in Ihrem Staat konkrete Maßnahmen umgesetzt oder ist dies geplant, um Umwelterwägungen in den Haushaltsplanungsunterlagen und dem Haushaltsrahmen Rechnung zu tragen?

Zusätzliche Ressourcen

OECD-Rechtsinstrumente:

- Recommendation of the Council on Public Service Leadership and Capability (2019) [OECD/LEGAL/0445]
- Recommendation of the Council on Open Government (2017) [OECD/LEGAL/0438]
- Recommendation of the Council on Digital Government Strategies (2014) [OECD/LEGAL/0406]
- Recommendation of the Council on Regulatory Policy and Governance (2012) [OECD/LEGAL/0390], deutsche Fassung: Empfehlung des Rates zu Regulierungspolitik und Governance (2012)
- Recommendation of the Council on Policy Coherence for Sustainable Development (2019) [OECD/LEGAL/0381]
- Recommendation of the Council on Public Integrity OECD (2017) [OECD/LEGAL/0435], deutsche Fassung: Empfehlung des Rates zu Integrität im öffentlichen Leben (2017)
- Recommendation of the Council on Budgetary Governance (2015) [OECD/LEGAL/0410]
- Recommendation of the Council on Competition Assessment (2009) [OECD/LEGAL/0376]

- Recommendation of the Council on Improving the Quality of Government Regulation (1995) [OECD/LEGAL/0278]

Weitere einschlägige OECD-Ressourcen:

- OECD Public Governance Review: Skills for a High Performing Civil Service (2017)
- OECD Public Procurement Toolbox (2016)
- SIGMA Strategy Toolkit (2018)
- OECD Digital Government Toolkit (2018)
- OECD Best Practice Principles on Stakeholder Engagement in Regulatory Policy (erscheint demnächst)
- OECD Budget Transparency Toolkit (2017)
- OECD CleanGovBiz Toolkit "Regulatory Policy: Improving Governance" (2012)
- OECD Framework for the Governance of Infrastructure (2017)
- OECD Global Revenue Statistics Database
- Open Government: Globaler Kontext und Perspektiven für offenes Regierungs- und Verwaltungshandeln (2018)
- OECD Principles for Public Governance of Public-Private Partnerships (2012)
- OECD-Ausblick Regulierungspolitik 2018 (Auszugsweise Übersetzung) (2018)
- OECD Toolkit for Mainstreaming and Implementing Gender Equality (2018)
- Tax Administration 2019: Comparative information on OECD and other Advanced and Emerging Economies (2019)

Literaturverzeichnis

CleanGovBiz (2012), Regulatory policy: improving governance, http://www.cleangovbiz.org (Abruf: 4. Oktober 2019). [46]

Howlett, M., M. Ramesh und A. Perl (2009), Studying Public Policy, Oxford University Press. [42]

OECD (2019), *Governance as an SDG Accelerator: Country Experiences and Tools*, OECD Publishing, Paris, https://dx.doi.org/10.1787/0666b085-en. [47]

OECD (2019), *Recommendation of the Council on Public Service Leadership and Capability*, OECD, Paris, https://legalinstruments.oecd.org/en/instruments/OECD-LEGAL-0445. [9]

OECD (2018), *OECD-Ausblick Regulierungspolitik 2018 (Auszugsweise Übersetzung)*, OECD Publishing, Paris, https://doi.org/10.1787/9789264307988-de. [52]

OECD (2018), *OECD Budget Practices and Procedures Survey*, Fragen 32 und 36, OECD, Paris. [53]

OECD (2018), *Open Government: Globaler Kontext und Perspektiven für offenes Regierungs- und Verwaltungshandeln*, OECD Publishing, Paris, https://doi.org/10.1787/9789264290655-de. [23]

OECD (2017), *Getting Infrastructure Right: A framework for better governance*, OECD Publishing, Paris, https://dx.doi.org/10.1787/9789264272453-en. [56]

OECD (2017), *Policy Advisory Systems: Supporting Good Governance and Sound Public Decision Making*, OECD Public Governance Reviews, OECD Publishing, Paris, https://dx.doi.org/10.1787/9789264283664-en. [45]

OECD (2017), *Preventing Policy Capture: Integrity in Public Decision Making*, OECD Public Governance Reviews, OECD Publishing, Paris, https://dx.doi.org/10.1787/9789264065239-en. [36]

OECD (2017), *Recommendation of the Council on Public Integrity,* OECD, Paris, https://legalinstruments.oecd.org/en/instruments/OECD-LEGAL-0435; deutsche Fassung: OECD (2017), *Empfehlung des Rates zu Integrität im öffentlichen Leben*, OECD, Paris, http://www.oecd.org/gov/ethics/Recommendation-integrity-DE.pdf. [11]

OECD (2017), *Recommendation of the Council on Open Government*, OECD, Paris, https://legalinstruments.oecd.org/en/instruments/OECD-LEGAL-0438. [22]

OECD (2017), *Skills for a High Performing Civil Service*, OECD Public Governance Reviews, OECD Publishing, Paris, https://doi.org/10.1787/9789264280724-en. [49]

OECD (2016), *Supreme Audit Institutions and Good Governance: Oversight, Insight and Foresight*, OECD Public Governance Reviews, OECD Publishing, Paris, https://dx.doi.org/10.1787/9789264263871-en. [18]

OECD (2016), *Survey on Gender Budgeting*, OECD, Paris. [57]

OECD (2015), *Recommendation of the Council on Budgetary Governance*, OECD, Paris, https://legalinstruments.oecd.org/en/instruments/OECD-LEGAL-0410. [48]

OECD (2014), *Recommendation of the Council on Digital Government Strategies*, OECD, Paris, https://legalinstruments.oecd.org/en/instruments/OECD-LEGAL-0406. [31]

OECD (2013), "Taxation and governance", in *Tax and Development: Aid Modalities for Strengthening Tax Systems*, OECD Publishing, Paris, https://dx.doi.org/10.1787/9789264177581-6-en. [55]

OECD (2012), Recommendation on Regulatory Policy and Governance, OECD Publishing, Paris, https://www.oecd.org/governance/regulatory-policy/49990817.pdf; deutsche Fassung: OECD (2012), *Empfehlung des Rates zu Regulierungspolitik und Governance*, OECD, Paris, https://doi.org/10.1787/9789264209053-de. [27]

OECD (2011), *Together for Better Public Services: Partnering with Citizens and Civil Society*, OECD Public Governance Reviews, OECD Publishing, Paris, https://dx.doi.org/10.1787/9789264118843-en. [44]

OECD (2009), *Recommendation of the Council on Competition Assessment*, OECD, Paris, https://legalinstruments.oecd.org/en/instruments/OECD-LEGAL-0376. [50]

OECD (o. J.), "Indicators of Regulatory Policy and Governance", http://www.oecd.org/gov/regulatory-policy/indicators-regulatory-policy-and-governance.htm (Abruf: 7. Oktober 2019). [51]

4 Solide Politikumsetzung

Wenn im Staatsapparat nicht die Voraussetzungen dafür geschaffen werden, dass Politikentscheidungen in die Praxis umgesetzt werden können, ist selbst eine optimal konzipierte Politik zum Scheitern verurteilt. Die in diesem Kapitel beschriebenen Praxisbeispiele zeigen, dass staatliche Stellen in der Lage sind, Werkzeuge und Verfahren in strategischer und integrierter Weise zu entwickeln und umzusetzen, um Qualität und Wirkung von Maßnahmen und Dienstleistungen zu erhöhen. Der erste Abschnitt dieses Kapitels unterstreicht die Rolle und Bedeutung der Entwicklung von Führungsqualitäten und Fähigkeiten im öffentlichen Dienst, der Digitalisierung, des öffentlichen Beschaffungswesens, öffentlich-privater und öffentlich-zivilgesellschaftlicher Partnerschaften sowie flexibler und innovativer Ansätze. Anhand einer Fallstudie wird außerdem aufgezeigt, wie wichtig es ist, einen strategischen Ansatz zur Umsetzung der Ziele für nachhaltige Entwicklung zu erarbeiten. Weiterhin beschreibt das Kapitel das Monitoring als ein Mittel, das politischen Entscheidungsträgern hilft, den Fortschritt ihrer Maßnahmen zu verfolgen und Anpassungen vorzunehmen, wenn dies während der Implementierungsphase notwendig ist.

Gutes Verwaltungs- und Regierungshandeln bedeutet nicht nur, dank fundierter Entscheidungsprozesse **das Richtige zu tun**, sondern auch, dies **richtig zu tun**, um sicherzustellen, dass die Politikmaßnahmen und Dienstleistungen auch in einem zunehmend komplexen Umfeld, das einem stetigen Wandel unterliegt und häufig mit Unsicherheiten behaftet ist, den Bedürfnissen der Bürger*innen gerecht werden. Beurteilt werden staatliche Stellen in erster Linie danach, ob es ihnen gelingt, dringliche Anliegen und Probleme anzugehen und ihre Initiativen effektiv umzusetzen.

Ob eine Politik erfolgreich umgesetzt werden kann, hängt vor allem davon ab, ob der Staat über die richtigen Instrumente verfügt, um Art und Ausmaß der bestehenden Herausforderungen zu ermitteln und geeignete Maßnahmen zu ergreifen, mit denen sie bewältigt werden können. Wie in Kapitel 2 erörtert, zeigen die OECD-Daten, dass Erfolgsfaktoren für gutes Verwaltungs- und Regierungshandeln, wie nachhaltiges politisches Engagement, Führungskultur, effektive Koordinierung und Innovation, von grundlegender Bedeutung sind, um den Umsetzungsprozess voranzutreiben und zu stützen.

Wenn im Staatsapparat nicht die Voraussetzungen dafür geschaffen werden, dass Entscheidungen der Politik in die Praxis umgesetzt werden können, ist jedoch selbst eine optimal konzipierte Politik zum Scheitern verurteilt. Für die Umsetzung der Politik sind alle Governance-Elemente, die in den vorangegangenen Kapiteln behandelt wurden, von entscheidender Bedeutung, so z. B. die Erfolgsfaktoren für Reformen, die Rechtssetzung und eine effektive Haushaltsführung. Die OECD-Daten verdeutlichen überdies, wie wichtig es ist, sowohl die für die Schaffung einer agilen Verwaltung erforderlichen **personellen und finanziellen Ressourcen** in den Blick zu nehmen als auch die Mechanismen und Instrumente für ein **Monitoring der Politikgestaltung und der erzielten Ergebnisse**, einschließlich der Anpassungsmöglichkeiten im Fall suboptimaler Resultate. Wenn staatliche Stellen solche Instrumente und Praktiken solider Governance entwickeln, sie strategisch und integriert nutzen und dabei den Komplementaritäten dieser Instrumente Rechnung tragen, können sie die Qualität und die längerfristige Wirkung von Maßnahmen und Dienstleistungen verbessern.

Für eine erfolgreiche Politikumsetzung müssen zudem die technischen und politischen Implikationen dieses Prozesses berücksichtigt werden. Die Umsetzung von Maßnahmen der Politik ist nämlich nicht mehr alleinige Domäne des öffentlichen Sektors bzw. der öffentlichen Verwaltung. Es können verschiedene Behörden und Verwaltungsebenen beteiligt sein, die unterschiedliche und in vielen Fällen gegensätzliche Interessen vertreten. Häufig werden Maßnahmen nicht von denen umgesetzt, die sie gestalten, und in manchen Fällen werden sie auch von Akteur*innen oder Stakeholdern außerhalb der öffentlichen Verwaltung vorangetrieben.

Der erste Abschnitt dieses Kapitels beleuchtet die Rolle und die Bedeutung von **1. Führungskultur und Kompetenzen im öffentlichen Sektor, 2. digitalen Instrumenten, 3. öffentlicher Beschaffung, 4. öffentlich-privaten und öffentlich-zivilgesellschaftlichen Partnerschaften, 5. agilen und innovativen Ansätzen bei Politikumsetzung und Leistungserbringung** sowie **6. einer Strategie zur Umsetzung der Ziele für nachhaltige Entwicklung**. Anschließend rückt der Bedarf an **7. Monitoring** in den Fokus, das als Schlüsselelement solider Politikumsetzung gelten kann.

Die Umsetzung steuern

Führungskultur und Umsetzungskompetenzen im öffentlichen Dienst

Den Beschäftigten des öffentlichen Diensts kommt bei der Umsetzung der Politik eine Schlüsselrolle zu, sei es im Gesundheits-, Bildungs-, Finanz- oder Wissenschaftsbereich. Der öffentliche Dienst sieht sich jedoch mit neuen Herausforderungen konfrontiert. Er muss diesen Herausforderungen wirksam begegnen und zugleich fair und zeitgerecht nachhaltige, vertrauenswürdige und zuverlässige Dienstleistungen erbringen (OECD, 2019[9]). Die OECD-Erfahrungen im Zusammenhang mit Beschäftigung und Management im öffentlichen Dienst verdeutlichen, wie wichtig es ist, angemessene Rahmenbedingungen zu schaffen, um die Kapazitäten und Kompetenzen im öffentlichen Sektor zu stärken und so für einen werteorientierten, vertrauenswürdigen, kompetenten, reaktiven und anpassungsfähigen öffentlichen Dienst zu sorgen. Der Staat sollte eine proaktive und innovative öffentliche Verwaltung aufbauen, die bei Politikgestaltung und Dienstleistungserbringung eine langfristige Perspektive verfolgt. Erreicht werden könnte dies u. a. durch die Gewährleistung eines ausgewogenen Verhältnisses zwischen Beschäftigungskontinuität und -mobilität. Dies würde sowohl eine Umsetzung der Politik über Legislaturperioden hinaus als auch Vorausschau und Innovation fördern.

Welche Governance-Werte dem jeweiligen System zugrunde gelegt werden, ist von Land zu Land unterschiedlich. Als Beispiele lassen sich, wie in Kapitel 1 erläutert, u. a. Integrität, Offenheit, Teilhabe und Rechenschaftspflicht, aber auch Agilität, Reaktivität und Effektivität nennen. Das Bekenntnis zu und das Einstehen für diese Werte sind von grundlegender Bedeutung, z. B. um Korruption und Missbrauch öffentlicher Ressourcen während des Umsetzungsprozesses zu verhindern. Gefördert werden kann die Werteorientierung im öffentlichen Dienst bzw. auf den einzelnen Verwaltungsebenen durch 1. proaktive Information und Kommunikation, 2. ein entsprechendes Engagement der Führungskräfte, 3. regelmäßige Diskussion und Evaluierung des werteorientierten Handelns mit allen öffentlich Beschäftigten (OECD, 2019[9]) und 4. die Mobilisierung aller Mitarbeiter, d. h. der im öffentlichen Sektor und in Partnerinstitutionen Beschäftigten, insbesondere durch nichtmonetäre Anreize.

Die Qualität der Politikumsetzung hängt stets davon ab, wie kompetent und motiviert die Führungskräfte im öffentlichen Dienst die von der politischen Führung getroffenen Entscheidungen in steuer- und umsetzbare Maßnahmen überführen, die nötigen personellen und finanziellen Ressourcen für die Umsetzung mobilisieren und sicherstellen, dass die Maßnahmen erfolgreich vorangetrieben werden. Die OECD empfiehlt daher, bei der Ernennung von Spitzenbeamt*innen auf leistungsbasierte Auswahlverfahren zurückzugreifen und Kandidat*innen auszuwählen, denen eine unvoreingenommene, evidenzbasierte Beratung zugetraut wird. Aus- und Fortbildungsmaßnahmen für Mitarbeiter*innen stehen im Mittelpunkt jeder Kompetenzstrategie. Im öffentlichen Dienst kommt ihnen aufgrund der insgesamt geringen Personalfluktuation ein besonders zentraler Stellenwert zu (OECD, 2017[49]). Die Aus- und Fortbildungsetats waren nach der Finanzkrise von 2008 jedoch als erstes von Kürzungen betroffen. Dadurch läuft der öffentliche Dienst Gefahr, den Kompetenzbedarf für die Erbringung neuer Leistungen nicht mehr decken zu können. Für Länder, die sich um eine Verbesserung der Politikumsetzung bemühen, stellen die knappen Ressourcen folglich eines der größten Hindernisse dar. Daher ist es unerlässlich, Fort- und Weiterbildung in der Organisationskultur zu verankern und erneut Mittel für entsprechende Programme bereitzustellen.

Die OECD-Daten lassen im Übrigen auch darauf schließen, dass es im öffentlichen Dienst ergänzend zu den für eine effektive Problemermittlung und Politikgestaltung erforderlichen Fähigkeiten auch einer Reihe von Kompetenzen für eine effektive Umsetzung der Politik bedarf (OECD, 2017[49]). Hierzu zählen:

- Kompetenzen für die Zusammenarbeit in Kooperationspartnerschaften und Netzwerken zur Verbesserung der Dienstleistungserbringung
- Kompetenzen zur Vergabe von Dienstleistungsaufträgen und -verträgen, da die Politik meist nicht von denen umgesetzt wird, die sie gestalten, sondern häufig von Einrichtungen außerhalb der öffentlichen Verwaltung
- Kompetenzen zur Ermittlung und Beseitigung von Komplementaritäten und Widersprüchen, um eventuelle Zielkonflikte sowie Probleme bei Mittelzuweisung und Ablaufsteuerung zu erkennen und eine effektive Planung und Umsetzung zu gewährleisten; Kompetenzen, um das Potenzial des digitalen Wandels auszuschöpfen und zu maximieren

Dieser letztgenannte Punkt ist besonders wichtig, steht er doch mit den Chancen und Herausforderungen der Digitalisierung und damit auch mit dem Bedarf an umfassenderen Strategien zur Digitalisierung der öffentlichen Verwaltung in Zusammenhang.

Bessere Gestaltung und Erbringung von Dienstleistungen durch digitale Verwaltung

Wie in Kapitel 3 beschrieben, können Strategien zur Digitalisierung der öffentlichen Verwaltung bzw. E-Government-Strategien in allen Phasen entscheidend zur Verbesserung der Politikgestaltung beitragen, da die Digitalisierung strategisch eingesetzt werden kann, um neben den staatlichen Verfahren auch die Ergebnisse des Verwaltungs- und Regierungshandelns zu verbessern.

Durch die Verbreitung und Nutzung neuer digitaler Technologien ist bei Bürger*innen die Erwartungshaltung entstanden, dass der Staat in der Lage ist, öffentliche Dienstleistungen zu erbringen, die auf ihre Bedürfnisse zugeschnitten sind. Dies stellt für die staatlichen Stellen eine Herausforderung dar, denn dazu bedarf es einer digitalen Transformation der öffentlichen Verwaltung selbst. Unterbleibt eine solche Anpassung, droht dies die Beziehung zwischen Bürger*innen und Staat, die im Mittelpunkt des Gesellschaftsvertrags steht, zu beeinträchtigen. Anders formuliert: Die besondere Dynamik des digitalen Zeitalters erfordert bei der Gestaltung und Erbringung öffentlicher Dienstleistungen eine strategische Herangehensweise, die auch eine digitale Verwaltung umfassen sollte. Mit digitaler Verwaltung bzw. E-Government kann die administrative Last verringert werden, da damit der Erfüllungsaufwand im Zusammenhang mit Vorschriften und Verfahren reduziert wird. Auch durch eine Neugestaltung der Abläufe kann sich der Staat an die Dynamik der Wechselwirkungen zwischen den beteiligten Akteur*innen anpassen, die im neuen digitalen Umfeld einem raschen Wandel unterliegen. In der *OECD Recommendation on Digital Government Strategies* (OECD, 2014[31]) wird im Hinblick auf eine Verbesserung der Ergebnisse des Verwaltungs- und Regierungshandelns und der Erbringung öffentlicher Dienstleistungen empfohlen, unter Einbeziehung der Adressaten frühzeitig für einen Austausch, sowie für die Erprobung und Evaluierung von Prototypen zu sorgen und umfassende Informationen über laufende digitale Initiativen bereitzustellen, um eine Doppelung von Systemen und Datensätzen zu vermeiden. Dies erfordert ein Bekenntnis zu den Verfahrensweisen, die in Abschnitt 2.4 im Zusammenhang mit dem Erfolgsfaktor „Changemanagement und Innovation" beschrieben wurden. Die *OECD Recommendation on Digital Government Strategies* (OECD, 2014[31]) [OECD/LEGAL/0406] kodifiziert bewährte Verfahren zur Schaffung effektiverer Koordinierungsmechanismen, größerer Kapazitäten und besserer Rahmenbedingungen, damit digitale Technologien effektiver zur Schaffung eines gesellschaftlichen Mehrwerts und zur Stärkung des Vertrauens der Bürger*innen beitragen, sowie bewährte Verfahren zur strategischen Nutzung von Daten im öffentlichen Sektor. Darin wird empfohlen

- in stärkerem Maße auf Daten zurückzugreifen, um die Qualität öffentlicher Dienstleistungen sowie die Lebensqualität der Bürger*innen zu verbessern (Grundsatz 3);
- eine kohärente Nutzung digitaler Technologien in den verschiedenen Politikbereichen und auf allen Verwaltungsebenen zu gewährleisten (Grundsatz 6);
- klare Szenarien zu formulieren, um die Finanzierung und gezielte Umsetzung von Projekten digitaler Technologien zu stützen (Grundsatz 9);
- die institutionellen Kapazitäten zur Steuerung und Überwachung der Umsetzung von Projekten zu stärken (Grundsatz 10);
- digitale Technologien zu beschaffen und sich dabei auf die Bewertung bestehender Mittel zu stützen (Grundsatz 11).

Die Digitalisierung der Verwaltung ist kein eigenständiges Ziel der Agenda 2030. Digitale Technologien können aber zum Erreichen der Ziele für nachhaltige Entwicklung beitragen (OECD, 2019[47]). Sie können nämlich strategisch eingesetzt werden, um kollaborative Ansätze zur Umsetzung der Ziele für nachhaltige Entwicklung zu erarbeiten.

Kasten 4.1. ChileAtiende

ChileAtiende ist ein über verschiedene Kanäle operierendes Netzwerk zur Erbringung verschiedener öffentlicher Dienstleistungen, das als zentrale Anlaufstelle dient und den Staat näher an die Bürger*innen heranbringen soll. Es verfügt über

- Zweigstellen im ganzen Land, sodass ein Großteil der Bevölkerung erreicht wird,
- eine digitale Plattform, die in einer einfachen bürgernahen Sprache über mehr als 2 500 Leistungen informiert,
- ein Callcenter, das Informationen und Orientierungshilfen zu öffentlichen Leistungen bietet, sowie
- ChileAtiende-Fahrzeuge, mit denen entlegene und ländliche Regionen erreicht und vor Ort öffentliche Dienstleistungen erbracht werden können.

Das Projekt wurde im Januar 2012 ins Leben gerufen. Bei der Planung orientierte man sich an vergleichbaren Erfahrungen in Kanada, Singapur und Australien und nutzte bereits vorhandene Kapazitäten.

Quelle: OECD (o. J.[58]), *Digital Government Toolkit* (http://www.oecd.org/governance/digital-government/toolkit/home/). Das Digital Government Toolkit soll Ländern bei der Umsetzung der *OECD Recommendation on Digital Government Strategies* helfen. Diese Website informiert über bewährte Verfahren der OECD-Mitgliedsländer und liefert Entscheidungsträgern Orientierungshilfen dazu, wie digitale Technologien eingesetzt werden können, um Innovation, Transparenz und Effizienz im öffentlichen Sektor zu fördern.

Öffentliche Beschaffung als strategischer Hebel zur Umsetzung von Zielen der Politik

Die Politikverantwortlichen können die öffentliche Beschaffung als Hebel einsetzen, um bestimmte Ziele zu erreichen: Ein gut konzipiertes öffentliches Beschaffungswesen leistet einen Beitrag zur Umsetzung dringlicher Ziele wie Umweltschutz, Innovation, Beschäftigungsaufbau oder der Entwicklung kleiner und mittlerer Unternehmen (OECD, 2017[59]). In Australien z. B. hat sich die Indigenous Procurement Policy als außerordentlich effektiver Hebel zur Förderung indigener Unternehmen und Arbeitskräfte erwiesen (vgl. Kasten 4.2).

Kasten 4.2. Australiens Indigenous Procurement Policy

Die Indigenous Procurement Policy (IPP) ist eine Beschaffungsvorschrift der sogenannten Commonwealth Procurement Rules Australiens. Sie ermöglicht es den Beschaffungsbehörden in Australien, mit einem vereinfachten, aber effizienten Verfahren zur Einholung von Angeboten direkt bei indigenen KMU einzukaufen. Ziel ist es, indigene Unternehmen und unternehmerische Initiativen durch eine höhere Beschaffungsquote zu fördern.

Erreicht werden soll dies durch drei wesentliche Elemente der Indigenous Procurement Policy:

- Zielvorgaben für die Anzahl der pro Jahr an indigene Unternehmen vergebenen Verträge
- eine Bevorzugungspflicht (das sogenannte Mandatory Set-Aside – MSA) bei Verträgen für entlegene Gebiete und bei Verträgen mit einem Auftragswert von 80 000-200 000 AUD
- Mindestanforderungen im Hinblick auf die Beteiligung indigener Unternehmen und Arbeitskräfte bei Verträgen mit einem Auftragswert von mindestens 7,5 Mio. AUD in bestimmten Branchen (sogenannte Mandatory Minimum Requirements – MMR)

2013 wurden Verträge im Wert von 6 Mio. AUD an weniger als 30 indigene Unternehmen vergeben. Seit Einführung der Indigenous Procurement Policy im Jahr 2015 gingen 13 700 Verträge im Gesamtwert von 2,2 Mrd. AUD an mehr als 1 550 indigene Unternehmen.

Quelle: Im Rahmen des Konsultationsprozesses für dieses Eckpunktepapier von Australien zur Verfügung gestelltes Praxisbeispiel.

Die öffentliche Beschaffung wird auch zunehmend in den Dienst der Ziele für nachhaltige Entwicklung gestellt. Die *OECD Recommendation on Public Procurement* (2015[54]) [OECD/LEGAL/0411] empfiehlt in diesem Zusammenhang

- eine Instrumentalisierung der öffentlichen Beschaffung für die Umsetzung nachrangiger Politikziele, die im Einklang mit klaren nationalen Prioritäten stehen, zu evaluieren,
- eine geeignete Strategie zur Berücksichtigung nachrangiger Politikziele im öffentlichen Beschaffungswesen zu entwickeln und
- mithilfe geeigneter Folgenabschätzungsmethoden zu ermitteln, wie effektiv die Beschaffung zur Umsetzung nachrangiger Politikziele beiträgt.

Öffentlich-private Partnerschaften (ÖPP) und öffentlich-zivilgesellschaftliche Partnerschaften

Verträge sind bewährte Governance-Instrumente für eine bessere Umsetzung der Politik (OECD, 2007[81]). Sie ermöglichen die Umsetzung von Maßnahmen in Zusammenarbeit mit anderen staatlichen Ebenen und Akteuren des privaten Sektors. Eine wichtige Form der vertraglichen Zusammenarbeit sind öffentlich-private Partnerschaften (ÖPP). Hierbei handelt es sich um „langfristige vertragliche Vereinbarungen zwischen dem Staat und einem privaten Partner, in deren Rahmen der private Partner unter Nutzung von Anlagegütern öffentliche Dienstleistungen erbringt und finanziert und die damit verbundenen Risiken mitträgt. Im Rahmen von ÖPP können öffentliche Dienstleistungen in Verbindung mit technischen Infrastrukturanlagen (wie Brücken und Straßen) und sozialen Infrastrukturanlagen (wie Krankenhäusern, Versorgungsanlagen oder Gefängnissen) erbracht werden.“ In der *OECD Recommendation on Principles for Public Governance of Public-Private Partnerships* (OECD, 2012[82]) [OECD/LEGAL/0392] wird im Hinblick auf die drei Hauptziele solcher Partnerschaften empfohlen

- einen klaren, verlässlichen und legitimen institutionellen Rahmen für die Zusammenarbeit mit kompetenten und gut ausgestatteten Behörden zu schaffen,
- bei der Auswahl öffentlich-privater Partnerschaften das Kosten-Nutzen-Verhältnis zugrunde zu legen und
- den Haushaltsprozess transparent zu nutzen, um fiskalische Risiken zu minimieren und die Integrität des Beschaffungsprozesses zu sichern.

Vertragliche Vereinbarungen für eine gemeinsame Umsetzung von Maßnahmen können auch mit nichtprivaten Akteuren wie Verbänden, zivilgesellschaftlichen Organisationen und lokalen Verantwortlichen abgeschlossen werden. Bei derartigen öffentlich-zivilgesellschaftlichen Partnerschaften können die betroffenen Akteur*innen bei der Gestaltung und Erbringung von Dienstleistungen und bei der Verwaltung von Ressourcen und Gemeingütern direkt eingebunden werden.

Agile und innovative Ansätze bei Politikumsetzung und Dienstleistungserbringung

Innovation ist – wie bereits erwähnt – von grundlegender Bedeutung, um neue Lösungen und Ansätze für komplexe Herausforderungen zu entwickeln. Angesichts der Dynamik des Politikumfelds, mit der sich die

Länder konfrontiert sehen, wird bei der Politikumsetzung und Dienstleistungserbringung häufig auf innovative und agile Ansätze zurückgegriffen, beispielsweise auf frühzeitige Feedbackmechanismen bei der Umsetzung (OECD, 2019[72]).

Bei agilen Projektmanagementmethoden liegt der Fokus auf Prinzipien wie Einfachheit, schneller Iteration und enger Zusammenarbeit mit dem Kunden. So sehen agile, kooperationsbasierte Ansätze z. B. zwischen den mit der Planung der Maßnahmenumsetzung und Dienstleistungserbringung betrauten Mitarbeitern des öffentlichen Diensts und den potenziellen Nutzern einen regelmäßigen Austausch vor, um Fortschritte zu erörtern und Feedback einzuholen.

Solche agilen Ansätze umfassen u. U. auch Schritte wie frühes Prototyping und Nutzertests (OECD, 2017[73]), die durch ein regelmäßiges Feedback laufende Verbesserungen während des Umsetzungsprozesses ermöglichen sollen. Das *OECD Observatory of Public Sector Innovation* (OECD, 2019[72]) führt folgende Beispiele agiler und innovativer Ansätze für die Umsetzung von Maßnahmen und Dienstleistungserbringung an:

- *Toolkits und Umsetzungsleitfäden*, insbesondere leicht zu aktualisierende Umsetzungshinweise und Online-Diskussionsforen
- *Projektmanagementinstrumente* wie Ergebnismatrix, Analyse des kritischen Pfades, Gantt-Diagramm und Kanban-Tafel
- *Crowdsourcing* als Instrument zur Mobilisierung einer großen Zahl von Internetnutzern, raschen Daten- und Informationsverarbeitung mit Qualitätskontrolle sowie Erledigung von Aufgaben, die traditionell kleinen Gruppen übertragen wurden
- *digitale Netzwerke und praxisbezogene Gemeinschaften (Communities of Practice* – CoP*)* des öffentlichen Sektors, die vor allem beim Übergang von der Pilotphase zur Projektumsetzung auf breiterer Basis eine wichtige Rolle spielen
- *Co-Kreation, Co-Produktion und Co-Erbringung* zur Einbindung einer großen Zahl von Adressaten bei der Entwicklung innovativer Lösungen, sodass die Eigenverantwortung gestärkt und eine größere Toleranz im Fall von Rückschlägen gewährleistet wird
- *Innovationslabore bzw. Innovation Labs*, die einen projektbasierten Innovations- und Umsetzungsansatz ermöglichen und Raum für die Entwicklung neuer Methoden bieten
- *verhaltensorientierte Methoden* im Rahmen eines induktiven Ansatzes zur Politikgestaltung und -umsetzung, der auf Erprobungen und Pilotprojekten beruht, die darauf abzielen, das tatsächliche Verhalten der Politikadressaten zu verstehen und mögliche Lösungen vor der Umsetzung zu testen (OECD, 2019[74])
- *adressatenzentrierte Gestaltungsmethoden,* die zunehmend bei der Erbringung öffentlicher Dienstleistungen zum Einsatz kommen, ermöglichen es den Amtsvertretern zu verstehen, wie Menschen mit Systemen und Prozessen interagieren, Bürger*innen ganzheitlich zu sehen und individuell unterschiedliche Wünsche und Bedürfnisse zu erkennen (OECD, 2017[75])
- *Retrospektiven* ohne Schuldzuweisungen, bei denen mit dem für die Umsetzung zuständigen Team offen und ehrlich über den Erfolg der Maßnahme/des Projekts diskutiert wird

Strategie zur Umsetzung der Ziele für nachhaltige Entwicklung

Die Umsetzung der VN-Ziele für nachhaltige Entwicklung (SDG) stellt für alle Länder eine große Herausforderung dar, unabhängig davon, welches Einkommensniveau sie aufweisen. Um die Agenda 2030 umzusetzen, bedarf es neuer Formen institutionen- und ressortübergreifender Koordinierung, Abstimmung und Zusammenarbeit (OECD, 2019[47]). Die mit der Umsetzung der Ziele verbundenen Herausforderungen im Bereich der Governance können nur bewältigt werden, wenn Instrumente der Politik, wie Haushalt, öffentliche Beschaffung und Regulierung strategisch eingesetzt werden. Dies bedeutet u. a., dass innovative, zukunftsweisende Maßnahmen und Programme entwickelt und umgesetzt werden müssen (OECD, 2019[47]).

Seit 2015 haben zahlreiche Länder begonnen, den Zielen für nachhaltige Entwicklung in Strategiepapieren Rechnung zu tragen. Es bedarf jedoch darüber hinaus zusätzlicher Kapazitäten, um die Nachhaltigkeitsziele in den Verwaltungssystemen zu verankern, damit sie in allen Bereichen der öffentlichen Verwaltung systematisch berücksichtigt und erfolgreich umgesetzt werden. Einige Länder machen in dieser Hinsicht beträchtliche Fortschritte. Dies gilt jedoch noch nicht für alle. Das Sekretariat kam zu dem Ergebnis, dass die Ziele für nachhaltige Entwicklung in den OECD-Ländern oft in nationale Rahmenpläne integriert werden (71%), in den nationalen Haushaltssystemen aber seltener Berücksichtigung finden (45%). Es handelt sich also eher um eine Ausrichtung an den Zielen als um eine tatsächliche Integration. Dabei werden die Ziele für nachhaltige Entwicklung zu einem Rahmenplan unter anderen, sie münden jedoch nicht in eine kohärente Strategie, die das Potenzial hat, Denkmuster und Arbeitsweisen zu verändern (2018[53]). Es ist jedoch möglich, Haushaltsplanung und -vollzug in den Dienst der Nachhaltigkeitsziele zu stellen:

- Wenn die Haushaltsunterlagen adäquat widerspiegeln, welche Politikziele vorrangig sind und wie die Mittelzuweisung zum Erreichen dieser Ziele beitragen kann, können die Fortschritte bei der Umsetzung der Nachhaltigkeitsziele besser gemessen werden.
- Durch eine mehrjährige Haushaltsplanung lässt sich auch deren strategische Einbindung wirksam fördern. Eine mehrjährige Haushaltsvorausschätzung und -planung kann sicherstellen, dass die Politikziele nicht nur kurz- oder mittelfristig, sondern längerfristig, d. h. über die jeweilige Legislaturperiode hinaus, umgesetzt werden.
- In jüngster Zeit setzen OECD- und Nicht-OECD-Länder zudem auf öffentliche Beschaffungsstrategien, um sicherzustellen, dass der Einkauf von Waren, Dienst- und Bauleistungen durch den Staat und staatseigene Unternehmen mit den Zielen für nachhaltige Entwicklung in Einklang steht.

Ressortübergreifende Koordinierung und Fokussierung auf Politikkohärenz sind weitere wichtige Voraussetzungen für eine integrierte Umsetzung der Nachhaltigkeitsziele.

- Der ganzheitliche Ansatz der Agenda 2030 erfordert, dass Regierungen das Ressortdenken überwinden und langfristige Ziele formulieren, die in mehreren Politikbereichen verankert sind und diese miteinander verbinden. Ein ressortübergreifender Ansatz ist für die Umsetzung solcher Ziele unerlässlich.
- Die Nachhaltigkeitsziele decken eine Vielzahl von Bereichen ab. Einige Akteure könnten versucht sein, sich nur auf die Ziele zu konzentrieren, die am einfachsten und kostengünstigsten umzusetzen sind. Eine umfassende Koordinierung – namentlich durch das Regierungszentrum – ist daher von entscheidender Bedeutung, damit die Politikkohärenz gewährleistet und die komplexen Herausforderungen im Zusammenhang mit den Nachhaltigkeitszielen bewältigt werden können (OECD, 2019[47]).
- Die Abteilung für wirtschaftliche und soziale Angelegenheiten (UNDESA) und der Sachverständigenausschuss für öffentliche Verwaltung (CEPA) der Vereinten Nationen erachten die Koordinierung durch das Regierungszentrum als eine der wichtigsten Strategien zur Gewährleistung einer integrierten Umsetzung der Nachhaltigkeitsziele (Vereinte Nationen, 2018[6]).

Monitoring und Evaluierung sind entscheidende Instrumente, mit denen Politikverantwortliche überprüfen können, inwieweit die Maßnahmen und Mittel für die Umsetzung der Nachhaltigkeitsziele ihren Zweck erfüllen (die Evaluierung wird in Kapitel 5 eingehender erörtert). Diesen beiden Instrumenten kommt angesichts der Komplexität und der Verzahnung der Nachhaltigkeitsziele ein besonders zentraler Stellenwert zu. Solide Monitoring- und Evaluierungsverfahren sind wichtig, um

- Umsetzungsschwierigkeiten aufzuzeigen,
- kurzfristige Programme und Maßnahmen stärker auf strategische Wirkungen auszurichten und

- Öffentlichkeit und Zivilgesellschaft darüber zu informieren, ob (und inwieweit) ein Land bei der Umsetzung der Nachhaltigkeitsziele Fortschritte erzielt.

Es gibt allerdings noch weitere Herausforderungen zu bewältigen, so z. B. im Hinblick auf die Fähigkeit des Staates, ressourceneffizient fundierte Daten zu sammeln und deren effektive Verwaltung zu gewährleisten. Außerdem müssen neue Formate für die Veröffentlichung relevanter Informationen gefunden werden, aber auch für den Dialog mit wichtigen Akteuren außerhalb der Regierung (z. B. Bürger*innen, NRO, Parlament usw.) über die bei der Umsetzung der Nachhaltigkeitsziele erzielten Fortschritte (OECD, 2019[47]).

Kernfragen

- Werden die Werte für ein solides Management des öffentlichen Diensts proaktiv gefördert, z. B. mit Verhaltenskodizes, um Korruption und Missbrauch öffentlicher Ressourcen während des Umsetzungsprozesses zu verhindern?
- Verfügt Ihr Land über eine Strategie, um eine kohärente und integrierte Nutzung digitaler (Front- und Backoffice-)Technologien bei der Umsetzung öffentlicher Maßnahmen in sämtlichen Bereichen und auf allen Verwaltungsebenen zu gewährleisten?
- Gibt es im öffentlichen Beschaffungswesen Mechanismen zur Stärkung der Transparenz? Wird ein elektronisches Beschaffungswesen (E-Procurement) ins Auge gefasst?
- Wurde die Einführung innovativer und agiler Ansätze zur Maßnahmenumsetzung und Dienstleistungserbringung aktiv – und ausdrücklich – gefördert?
- Wurde eine Kerninstitution beauftragt, die Nachhaltigkeitsziele in die strategische Politikgestaltung, -umsetzung und -evaluierung und die Fortschrittsberichterstattung auf nationaler Ebene zu integrieren? Stellt diese Institution sicher, dass die nationale Strategie zur Umsetzung der Nachhaltigkeitsziele den regionalen Gegebenheiten im Land Rechnung trägt?
- Gibt es robuste Mechanismen zur Koordinierung der verschiedenen Politikbereiche und Verwaltungseinheiten? Werden Anreize (z. B. finanzieller Art) geschaffen, um die Koordinierung der Ministerien und Behörden bei der Umsetzung der Nachhaltigkeitsziele zu fördern? Werden individuelle oder kollektive Zielvorgaben festgelegt?
- Werden regelmäßig Evaluierungen durchgeführt, um eventuelle positive und negative Folgen von Vorhaben und Vorgaben auf eine nachhaltige Entwicklung aufzuzeigen und zu analysieren?

Ergebnismonitoring

Monitoring ist der „kontinuierliche [...] Prozess der systematischen Datensammlung zu spezifischen Indikatoren, um Leitung und Hauptbeteiligte einer laufenden Politik- oder Reforminitiative über die erzielten Fortschritte und die erreichten Ziele sowie über die Verwendung bereitgestellter Mittel zu informieren" (OECD, 2018[23]). Monitoring ist ein wichtiges Instrument, das staatlichen Stellen zeigt, inwieweit sie bei der Umsetzung ihrer gesetzten Ziele vorankommen.

Das Monitoring der Politik- und Governance-Ergebnisse ist von grundlegender Bedeutung, um eine angemessene Politikumsetzung zu gewährleisten. Im Gegensatz zur Politikevaluierung, bei der die Ergebnisse und Wirkungen umgesetzter Maßnahmen bewertet werden (vgl. Kapitel 5), ist Monitoring in erster Linie ein deskriptives Instrument. Es hilft den Verantwortlichen dabei, die Fortschritte in der Umsetzungsphase zu überwachen und gegebenenfalls Anpassungen vorzunehmen, um sicherzustellen, dass mit den Maßnahmen tatsächlich die angestrebten Ziele erreicht werden. Gerade bei der Umsetzung der Agenda 2030 auf nationaler Ebene ist es besonders wichtig, dass strategische Ziele, öffentliche Ausgaben und klare Zielvorgaben miteinander verknüpft werden (OECD, 2019[47]). Dadurch lässt sich potenziell leichter feststellen, inwieweit Entscheidungen die Umsetzung der Ziele für nachhaltige Entwicklung fördern und im Einklang mit den nationalen Prioritäten stehen. Die Informationen, die beim Monitoring gesammelt werden, können in die **Planung und Entscheidungsfindung** einfließen und die **Ergebnisse verbessern**. Möglich ist dies z. B. durch die Analyse kontext-, problem- bzw. bedarfsbezogener Daten bei der Ausarbeitung von Maßnahmen, Entscheidungen über die Mittelzuweisung und/oder Entscheidungen zwischen verschiedenen Optionen (OECD, 2017[59]). Die Monitoring-Informationen können zudem als **Follow-up-Instrument** eingesetzt werden, um den Umsetzungsprozess und die Funktionsweise von Einrichtungen zu verbessern und damit u. a. für mehr Effizienz und eine bessere Nutzung der Kapazitäten zu sorgen. Sie dienen letztlich auch dazu, den **beteiligten Akteur*innen gegenüber Rechenschaft abzulegen**, beispielsweise im Hinblick auf Mitteleinsatz, interne Verfahren sowie Ergebnisse und Wirkungen von Maßnahmen (OECD, 2017[59]).

Längerfristig können die Daten und Informationen, die in der Umsetzungsphase beim Monitoring gesammelt werden, die Evaluierungsergebnisse ergänzen und gemeinsam mit diesen als Basis für die **Formulierung und Gestaltung** anderer Maßnahmen dienen, so z. B. im Rahmen der ergebnisorientierten Haushaltsplanung (zur Evaluierung vgl. Kapitel 5). Monitoring kann Bereiche aufzeigen, in denen weitere Analysen und Evaluierungen erforderlich sind, und die Grundlage für datengestützte Analysen zur Weiterentwicklung von Indikatoren liefern. Dies wiederum ermöglicht es Einrichtungen, existierende Schlüsselindikatoren anzupassen oder neue festzulegen.

Unabhängig davon, um welchen Politik- oder Governance-Bereich es geht, gilt es zunächst zu entscheiden, welche Bereiche Gegenstand eines Monitorings werden sollen und wie dies bewerkstelligt werden kann. Die OECD und die Europäische Union haben im Rahmen ihres gemeinsamen Programms SIGMA (Support for Improvement in Governance and Management) *Grundsätze für die öffentliche Verwaltung* definiert, die auch Empfehlungen für ein gezieltes Monitoring umfassen (SIGMA, 2017[5]). Die Empfehlungen von SIGMA beruhen auf Erfahrungen der EU- und OECD-Länder. Laut diesen Grundsätzen sollten Länder

- in Planungsdokumenten Reformziele und Zielvorgaben festlegen;
- Indikatoren (für die Ziele) entwickeln, um die Fortschritte bei der Umsetzung der in den Planungsdokumenten genannten Reformen zu überwachen;
- sicherstellen, dass die Schlüsselindikatoren messbar und zielrelevant sind und zur Rechenschaftslegung zwischen Institutionen und verantwortlichen Führungskräften beitragen;
- ein Datenerhebungssystem für diese Indikatoren entwickeln, das Ministern und anderen Amtsträgern aktuelle und präzise Daten liefert;
- mindestens alle zwei Jahre Fortschrittsberichte erstellen und sicherstellen, dass diese öffentlich zugänglich sind und die Grundlage für eine Diskussion der Umsetzung auf politischer Ebene bzw. auf höchster Verwaltungsebene bilden;
- funktionierende zentrale Steuerungs- und Strategieüberprüfungsprozesse einführen Transparenz und Zugang zu Informationen gewährleisten, um Zivilgesellschaft und Unternehmen beim Monitoring- und Überprüfungsprozess einzubinden und ihnen zu ermöglichen, zu den Umsetzungsergebnissen und -schwierigkeiten Stellung zu nehmen.

Gesellschaftliche Partizipation und zivilgesellschaftliche Kontrollmechanismen können beim Monitoring eine entscheidende Rolle spielen. In der OECD *Recommendation of the Council on Public Integrity* (2017[11]) [OECD/LEGAL/0435] wird die Bedeutung von Organisationen mit Kontrollfunktion, Bürgergruppen, Gewerkschaften und unabhängigen Medien im Hinblick auf die Gewährleistung der Rechenschaftslegung hervorgehoben.

Ein gutes Monitoringsystem stützt sich auf umfassende und hochwertige Daten. Eine Monitoringstrategie muss daher auch ein erstklassiges nationales statistisches System vorsehen sowie aktualisierte Datenbanken und Register, die Daten austauschen und wie gewünscht aufschlüsseln. In den letzten Jahren sind mehrere zukunftsweisende Monitoringansätze entstanden, die sich auf eine Datenorientierung im öffentlichen Sektor stützen. Datenorientierung im öffentlichen Sektor ist im Übrigen einer von sechs Aspekten, auf die in der OECD *Recommendation on Digital Government Strategies* (2014[31]) [OECD/LEGAL/0406] eingegangen wird. Diese Empfehlung unterstreicht, wie grundlegend Daten für die Zusammenarbeit im öffentlichen Sektor sind, wenn es darum geht, Bedarfe zu prognostizieren, die Umsetzung zu gestalten, Veränderungen aufzuzeigen und darauf zu reagieren. Dem OECD-Bericht *The Path to Becoming a Data-Driven Public Sector* (OECD, 2019[60]) zufolge schafft eine solche Datenorientierung beim Monitoring eine Umgebung, in der Daten zu Maßnahmen in Echtzeit zur Verfügung stehen. Dadurch müssen die Entscheidungsträger nicht abwarten, bis sie monatlich oder vierteljährlich über die jüngsten Entwicklungen in einer Vielzahl von Politikbereichen informiert werden, da die Daten, die sie benötigen, schon früher verfügbar und zugänglich sind. Dies ermöglicht bessere Prozesseinblicke und kurzfristige Anpassungen, die sich mittel- und langfristig positiv auswirken.

Monitoring ressortübergreifender Prioritäten

Das Monitoring ressortübergreifender Prioritäten ist zu einer der Hauptaufgaben von Regierungszentren avanciert. Damit soll sichergestellt werden, dass die operationalen und strategischen Ziele erreicht und Maßnahmen effektiv und koordiniert umgesetzt werden (OECD, 2018[32]).

Wie in Kapitel 2 erörtert, konzentrieren sich die Regierungszentren in den OECD-Ländern in diesem Zusammenhang zunehmend darauf, die Abstimmung und längerfristige Wirkung von Maßnahmen zu überwachen, um eine bessere Koordinierung mehrdimensionaler Maßnahmen zu gewährleisten und die betroffenen Akteur*innen über die erzielten Fortschritte zu informieren.

Der im Jahr 2017 durchgeführte *OECD Survey on the Organisation and Functions of the CoG* zeigte, dass die genannten Monitoringaufgaben immer häufiger von eigens damit betrauten Abteilungen übernommen werden. Hierbei handelt es sich um spezielle Ausführungs-, Projekt- oder Koordinierungsabteilungen, die über unterschiedliche Kapazitäten verfügen (OECD, 2018[32]). So arbeiten etwa sogenannte „Delivery units" den Fachministerien zu, indem sie Daten im Zusammenhang mit den verschiedenen Prioritäten sammeln, um alle Dimensionen des Umsetzungsprozesses aufzuzeigen. Sie unterstützen zudem bei der Festlegung von Schlüsselindikatoren und Zielvorgaben, für die ergebnisbezogene Informationen zu Strategien, die eine oder mehrere Bereiche betreffen können, verknüpft werden. Die Umsetzungsorientierung, die auch als Deliverology-Ansatz bezeichnet wird, hat allerdings ihre Grenzen. Ohne entsprechende politische Unterstützung, einen klaren Auftrag und einen wirksamen Mechanismus zur Anpassung der Erwartungen können solche Abteilungen eine gemischte Bilanz aufweisen (Gold, 2017[61]).

Delivery units können ein nützliches strategisches Instrument sein. Dies setzt jedoch voraus, dass sie bei Monitoring und Evaluierung der Ergebnisse der Maßnahmen ressortübergreifend vorgehen. Um den Zusammenhang zwischen ergriffenen Maßnahmen und dem Erreichen der gewünschten Wirkungen aufzuzeigen, müssen Schlüsselindikatoren Input-, Outcome- und Zwischenindikatoren (Prozess, Output) umfassen und sind damit per definitionem zusammengesetzte Indikatoren. Damit der Nutzen von Umsetzungsabteilungen und Schlüsselindikatoren langfristig maximiert werden kann, müssen sie sorgfältig auf die institutionellen Rahmenbedingungen des jeweiligen Landes abgestimmt werden.

Monitoring von Finanzergebnissen und Haushaltsvollzug

In den OECD-Ländern wurden Monitoring-Kapazitäten unterschiedlicher Art aufgebaut, um eine effiziente Politikgestaltung zu gewährleisten. Ein Monitoring der Finanzergebnisse und des Haushaltsvollzugs der Verwaltung kann Regierungen dabei helfen, die Effektivität der öffentlichen Ausgaben im Hinblick auf die strategischen Ziele zu überprüfen und die Mittelzuweisungen im Fall von Misswirtschaft oder unvorhergesehenen Umsetzungsschwierigkeiten anzupassen. Daher sollten klare Zielvorgaben definiert und angemessene Kontrollmechanismen geschaffen werden, damit Führungskräfte in der öffentlichen Verwaltung die Möglichkeit haben, die Ergebnisse zu überwachen. Die Verknüpfung zwischen den strategischen Zielen der Regierung (wie sie z. B. in einem mehrjährigen Entwicklungsplan definiert werden) und den Ausgabenwirkungen im nationalen Haushalt muss klar ausgewiesen werden.

Besonders wichtig ist diese Verknüpfung, wenn die Ziele für nachhaltige Entwicklung der Vereinten Nationen auf den nationalen Kontext übertragen werden. Dies geschieht im Rahmen einer Triangulation, bei der die Nachhaltigkeitsziele, die Ziele der nationalen Strategiepläne und die Ausgabenbereiche im nationalen Haushalt aufeinander abgestimmt werden (OECD, 2019[47]). Wenn die Nachhaltigkeitsziele in den nationalen strategischen Zielen verankert wurden, können diese mit den ergebnisbezogenen Ausgabenbereichen im nationalen Haushalt koordiniert werden. Dadurch können Regierungen überprüfen, inwieweit sie das Land mit ihren Mittelzuweisungen und Ausgabenentscheidungen bei der Umsetzung der Ziele für nachhaltige Entwicklung voranbringen und zugleich den nationalen Entwicklungsprioritäten und -zielen gerecht werden.

In der *OECD Recommendation on Budgetary Governance* (2015[48]) [OECD/LEGAL/0410] wird empfohlen, den Haushaltsvollzug aktiv zu planen, zu steuern und zu überwachen und sicherzustellen, dass die Ergebnisse integraler Bestandteil des Haushaltsprozesses sind. Dazu sollten sich die Länder auf ergebnisbezogene Informationen stützen. Diese sollten

- sich bei jedem Programm bzw. Politikbereich auf einige wenige relevante Indikatoren beschränken,
- klar und leicht verständlich sein,
- einen klaren Bezug zu ressortübergreifenden strategischen Zielen aufweisen und
- sich für eine Fortschrittskontrolle und einen Vergleich mit internationalen oder anderen Referenzwerten eignen.

Des Weiteren wird den Ländern in der *OECD Recommendation on Budgetary Governance* (OECD, 2015[48]) [OECD/LEGAL/0410] empfohlen, eine inklusive, partizipative und realistische Diskussion der Haushaltsentscheidungen zu gewährleisten, indem sie die Einbindung von Parlamenten, Bürger*innen und zivilgesellschaftlichen Organisationen fördern. Auch die Bürger*innen können zum Monitoring des Haushaltsvollzugs beitragen. Das *OECD Budget Transparency Toolkit* empfiehlt in diesem Zusammenhang, 1. die Haushaltsinformationen öffentlich zugänglich zu machen, 2. die Haushaltstransparenz durch eine Open-Data-Strategie zu stärken und 3. für mehr Inklusivität und Partizipation bei der Haushaltsgestaltung zu sorgen (OECD, 2017[62]).

Verbessern ließe sich das Monitoring u. a. auch durch die Schaffung geeigneter Aufsichtskapazitäten in der zentralen Haushaltsbehörde und den Fachministerien sowie eine Gliederung des nationalen Haushalts in übergreifende, mehrdimensionale Ergebnisbereiche. Die Obersten Rechnungskontrollbehörden können ebenfalls einen wesentlichen Beitrag leisten, indem sie Wirtschaftlichkeitsprüfungen durchführen, um Informationen für die Entscheidungsträger bereitzustellen. Dadurch kann ermittelt werden, wie sich die Ausgabenentscheidungen im Hinblick auf die strategischen Wirkungen niederschlagen, die im Rahmen der nationalen Strategie (und der Ziele für nachhaltige Entwicklung) definiert wurden.

Messung von Regulierungsergebnissen und Gewährleistung der Umsetzung

Viele OECD-Länder setzen die Messung der Regulierungsergebnisse als Instrument zur Verbesserung der Politikgestaltung und Dienstleistungserbringung ein, da sie dabei helfen kann, konkrete Hindernisse zu erkennen und die Rechtsetzung sowohl insgesamt als auch in spezifischen Bereichen zu verbessern, um z. B. den Erfüllungsaufwand zu verringern, den Nettonutzen zu maximieren und sicherzustellen, dass Rechtsvorschriften transparent und für Bürger*innen zugänglich sind (vgl. Kapitel 3). Außerdem können dadurch in der Umsetzungsphase Zwischenerfolge ermittelt und direkt kommuniziert werden. In der *OECD Recommendation on Regulatory Policy and Governance* (OECD, 2012[27]) [OECD/LEGAL/0390] wird den Ländern empfohlen, „Mechanismen und Institutionen zu schaffen, um die Verfahren und Ziele der

Regulierungspolitik aktiv zu überwachen, diese zu unterstützen und umzusetzen und dadurch die Regulierungsqualität zu fördern".

Die Verbesserung der Um- und der Durchsetzung von Rechtsvorschriften stellt für alle OECD-Länder eine Herausforderung dar (OECD, 2018[63]). Die Forschung hat sich bislang kaum mit diesem Aspekt befasst, obwohl eine ordnungsgemäße Durchsetzung der Vorschriften entscheidende Auswirkungen auf das Leben von Menschen hat.

Kontrollen sind eines der wichtigsten Instrumente, um Rechtsvorschriften durchzusetzen und sicherzustellen, dass sie befolgt werden. Die Art und Weise, wie solche Kontrollen geplant, ausgerichtet und kommuniziert werden, aber auch die ethischen Standards und die Unabhängigkeit der Kontrolleure sind zentrale Faktoren, die berücksichtigt werden können, um eine effektive Umsetzung von Rechtsvorschriften zu gewährleisten. Das Sekretariat erarbeitete in diesem Zusammenhang elf Grundsätze, auf denen eine effektive und effiziente Rechtsdurchsetzung und Kontrolle beruhen sollte, um die Rechtsbefolgung und die Rechtsetzungsqualität zu optimieren (OECD, 2014[64]):

- *Evidenzbasierte Durchsetzung.* Die Entscheidung, was auf welche Art und Weise zu kontrollieren ist, sollte sich auf Daten und Befunde stützen, und die Ergebnisse sollten regelmäßig evaluiert werden.
- *Selektivität.* Die Stärkung der Rechtsbefolgung und die Durchsetzung der Rechtsvorschriften sollten wo immer möglich den Marktkräften, dem privaten Sektor und der Zivilgesellschaft überlassen bleiben.
- *Risikofokussierung und Verhältnismäßigkeit.* Die Durchsetzung muss risikobasiert und angemessen sein.
- *Responsive Regulierung.* Die Kontroll- und Durchsetzungsmaßnahmen sollten jeweils an das Profil und Verhalten des jeweiligen Unternehmens angepasst werden.
- *Langfristige Perspektive.* Die Regierungen sollten Maßnahmen und institutionelle Mechanismen für die Durchsetzung und Kontrolle von Rechtsvorschriften mit klaren Zielen und einem langfristigen Gesamtkonzept vorsehen.
- *Abstimmung und Konsolidierung.* Weniger Doppelarbeit und Überschneidungen gewährleisten einen besseren Einsatz öffentlicher Mittel, begrenzen die Belastung der Normadressaten auf ein Mindestmaß und erzielen die größtmögliche Wirksamkeit.
- *Transparente Governance.* Für die Durchsetzung der Rechtsvorschriften braucht es Governance-Strukturen und eine Personalpolitik, die Transparenz, Professionalität und ergebnisorientiertes Management unterstützen.
- *Integration von Informationen.* Informations- und Kommunikationstechnologien sollten genutzt werden, um Risikofokussierung, Abstimmung und Informationsaustausch zu maximieren – und für einen optimalen Mitteleinsatz zu sorgen.
- *Klare und faire Verfahren.* Kohärente Vorschriften über die Durchführung von Kontrollen und Durchsetzungsmaßnahmen müssen verabschiedet und veröffentlicht werden, und die Rechte und Pflichten von Staatsbediensteten und Unternehmen müssen klar benannt werden.
- *Förderung der Rechtsbefolgung.* Transparenz und die Einhaltung der Rechtsvorschriften sollten mittels geeigneter Instrumente wie Leitlinien, Toolkits und Checklisten gefördert werden.
- *Professionalität.* Die Kontrolleur*innen sollten so geschult und geführt werden, dass Professionalität, Integrität, Konsistenz und Transparenz gewährleistet sind.

Kasten 4.3. Rahmen zur Evaluierung der Relevanz und Belastbarkeit von Governance-Indikatoren

Lafortune et al. (OECD, 2017[65]) haben gestützt auf entsprechende Arbeiten der OECD Kriterien zur Evaluierung der Relevanz und Belastbarkeit von Governance-Indikatoren entwickelt.

Der Begriff „Relevanz" bezieht sich darauf, inwieweit Indikatoren einen eindeutigen Zweck erfüllen und nützliche Informationen liefern, die bei Reformen im öffentlichen Sektor Orientierungshilfen bieten. Governance-Indikatoren sind in erster Linie für Entscheidungsträger bestimmt. Für die Nützlichkeit und Relevanz solcher Indikatoren sind folgende Aspekte von entscheidender Bedeutung:

Handlungsrelevanz: Ein Indikator sollte Aspekte messen, die wichtig und für Politikverantwortliche und Gesellschaft von Bedeutung sind.

Umsetzbarkeit: Es sollte klar sein, welche Maßnahmen ergriffen werden müssen, um bessere Ergebnisse zu erzielen. Indikatoren sollten nützliche Erkenntnisse und Informationen darüber liefern, welche Art von Reform durchgeführt werden sollte.

Verhaltensbezug: Bei Messungen im Zusammenhang mit Richtlinien, Gesetzen und anderen institutionellen Dokumenten geht es zunächst um Informationen über den bestehenden Rechtsrahmen. Was wirklich zählt ist allerdings, dass sie tatsächlich umgesetzt werden (Output) und welche Wirkungen/Folgen sie haben. Damit Indikatoren effektiv als Grundlage für Reformen des öffentlichen Sektors dienen, sollten sie grundsätzlich beobachtbare Fakten, Praktiken und die (erfolgte) Umsetzung messen.

Der Begriff „Belastbarkeit" bezieht sich auf die statistische Zuverlässigkeit von Indikatoren. Diesbezüglich heben die Autoren zwei Hauptmerkmale hervor:

Validität: Valide Indikatoren messen genau das, was gemessen werden soll.

Zuverlässigkeit: Das Messinstrument sollte bei wiederholter Anwendung auf unterschiedliche Populationen und Kontexte und auch bei Messungen durch verschiedene Personen sowie zu unterschiedlichen Zeitpunkten zu denselben Ergebnissen führen. Liefert der Indikator also bei unterschiedlichen Populationen und Kontexten konstante Ergebnisse?

Quelle: Lafortune, G., Gonzalez, S., und Lonti, Z. (2017[65]), „Government at a Glance: A Dashboard Approach to Indicators", in *The Palgrave Handbook of Indicators of Global Governance*, Springer International Publishing.

Entwicklung belastbarer Governance-Indikatoren

Wie bereits erwähnt, sind Indikatoren von entscheidender Bedeutung, damit die Fortschritte, die bei der Umsetzung nationaler strategischer Nachhaltigkeitsziele erzielt werden, gemessen werden können. Mit einigen dieser Indikatoren kann ermittelt werden, inwieweit Governance-Reformen die Kapazitäten der Regierung zur Umsetzung der nationalen Entwicklungsziele stärken. Wenn die Ziele für nachhaltige Entwicklung der Vereinten Nationen mit robusten Governance-Indikatoren in nationalen Zielen verankert werden, können Regierungen die Ziele für nachhaltige Entwicklung in ihren Strategieplänen berücksichtigen (OECD, 2019[47]). Die Politikverantwortlichen müssen regelmäßig entscheiden, welche Aspekte überwacht werden sollen und wie diese Aspekte mithilfe verschiedener Indikatoren erfasst werden können. Viele OECD-Länder nutzen Indikatoren, die den sogenannten SMART-Kriterien – *specific, measurable, attainable, relevant, time bound* – entsprechen, also ausreichend spezifisch, messbar, erreichbar, relevant und zeitgebunden sind. Es lassen sich verschiedene Arten von Governance-Indikatoren unterscheiden:

- *Inputindikatoren* geben Auskunft über Art und Menge der Ressourcen, die der Staat für die Umsetzung einer bestimmten Maßnahme bereitstellt – so z. B. personelle, finanzielle, zeitliche und materielle Ressourcen.
- *Prozessindikatoren* liefern Informationen über die tatsächlichen Prozesse, wobei die Effektivität häufig von Beteiligten evaluiert wird.
- *Outputindikatoren* erfassen Art, Menge und Qualität der Güter und Dienstleistungen, die durch eine Maßnahme bereitgestellt werden. Sie tragen u. U. auch operationalen Zielen wie der Zahl der Sitzungen Rechnung.
- *Outcome-/Impactindikatoren* messen den strategischen Effekt und die Veränderungen, die mit der Umsetzung einer Maßnahme einhergehen. Outcomeindikatoren beziehen sich in der Regel auf kurz- oder mittelfristige Wirkungen, die Impactindikatoren dagegen auf langfristige Folgen.

Kasten 4.4. Die Deutsche Nachhaltigkeitsstrategie

Die Deutsche Nachhaltigkeitsstrategie, die 2016 grundlegend überarbeitet wurde, ermöglicht es der Bundesregierung, die bei der Umsetzung der Agenda 2030 erzielten Fortschritte zu messen. Die Strategie umfasst 66 nationale Ziele und Indikatoren, die die 17 Ziele für nachhaltige Entwicklung der Vereinten Nationen abdecken und den im Rahmen des SIGMA-Programms definierten Grundsätzen für die öffentliche Verwaltung entsprechen.

Das Statistische Bundesamt legt alle zwei Jahre einen Indikatorenbericht vor, in dem die erzielten Fortschritte erörtert werden. Dabei wird mit einem Wettersymbol veranschaulicht, inwieweit sich der jeweilige Indikator in Richtung Ziel bewegt. Die Berichte sind öffentlich zugänglich. Sie sorgen für eine Sensibilisierung der Öffentlichkeit und stoßen gesellschaftliche Debatten an.

Quelle: Im Rahmen des Konsultationsprozesses für dieses Eckpunktepapier von Deutschland zur Verfügung gestelltes Praxisbeispiel.

Der strategische Einsatz von Politikevaluierung zur Prüfung der Relevanz und der Umsetzung von Zielen sowie der Effizienz, der Wirksamkeit, der längerfristigen Wirkung und der Nachhaltigkeit von Maßnahmen im Hinblick auf die Förderung von Governance-Zielen ist Gegenstand von Kapitel 5.

Kernfragen

- Gibt es konkrete Initiativen, um sicherzustellen, dass ergebnisbezogene Informationen und Daten in einem strategischen Monitoringmechanismus berücksichtigt werden?
- Steht die Verankerung der Ziele für nachhaltige Entwicklung der Vereinten Nationen in nationalen Plänen im Fokus der Regierung? Werden die Ziele der nationalen Strategiepläne, die den Zielen für nachhaltige Entwicklung Rechnung tragen, und die nationale Haushaltspolitik so koordiniert, dass die längerfristige Wirkung der Ausgaben in Bezug auf die Umsetzung der Planungs- und der Nachhaltigkeitsziele gemessen werden kann?
- Inwieweit werden die Monitoring-Ergebnisse genutzt, um die Entscheidungsfindung zu verbessern? Haben z. B. Führungskräfte in der öffentlichen Verwaltung die Möglichkeit, die Finanzergebnisse und den Haushaltsvollzug zu überwachen und diese Monitoring-Ergebnisse mit der weiteren Umsetzung der Maßnahmen, die über den Haushalt finanziert werden, zu verknüpfen?
- Wurden die nötigen Mechanismen geschaffen, um die Rechtsbefolgung zu gewährleisten und die Rechtsdurchsetzung anhand der Ergebnisse zu überwachen?

- Haben Transparenz und Zugang zu öffentlichen Informationen beim Monitoring der Ergebnisse einen hohen Stellenwert?
- Wird dem Monitoring von Maßnahmen oder Rechtsvorschriften bei der Politikformulierung systematisch Rechnung getragen?

Zusätzliche Ressourcen

OECD-Rechtsinstrumente:

- Recommendation of the Council on Public Procurement (2015) [OECD/LEGAL/0411]
- Recommendation of the Council on Digital Government Strategies (2014) [OECD/LEGAL/0406]
- Recommendation of the Council on Public Service Leadership and Capability (2019) [OECD/LEGAL/0445]
- Recommendation on Principles for Public Governance of Public-Private Partnerships [OECD/LEGAL/0392]
- Recommendation on Budgetary Governance (2015) [OECD/LEGAL/0410]
- Recommendation of the Council on Regulatory Policy and Governance (2012) [OECD/LEGAL/0390], deutsche Fassung: Empfehlung des Rates zu Regulierungspolitik und Governance (2012)

Weitere einschlägige OECD-Ressourcen:

- OECD Toolkit Navigator
- Delivering Better Policies Through Behavioural Insights: New Approaches (2019)
- Embracing Innovation in Government: Global Trends (2018)
- OECD Framework for the Governance of Infrastructure (2017)
- OECD Public Governance Review: Skills for a High Performing Civil Service (2017)
- OECD Comparative Study: Digital Government Strategies for Transforming Public Services in the Welfare Areas (2016)
- OECD Public Procurement Toolbox (2016)
- Centre Stage: Driving Better Policies from the Centre of Government (2014)
- OECD Regulatory Enforcement and Inspections Toolkit (2018)
- Regulatory Enforcement and Inspections, OECD Best Practice Principles for Regulatory Policy (2014)
- SIGMA Principles of Public Administration (2017)

Literaturverzeichnis

Gold, J. (2017), *Tracking delivery: Global trends and warning signs in delivery units*, Institute for Government, London, https://www.instituteforgovernment.org.uk/sites/default/files/publications/Global%20Delivery%20report.pdf. [61]

Lafortune, G., S. Gonzalez und Z. Lonti (2017), "Government at a Glance: A Dashboard Approach to Indicators", in *The Palgrave Handbook of Indicators in Global Governance*, Springer International Publishing, http://dx.doi.org/10.1007/978-3-319-62707-6_9. [65]

OECD (2019), *Delivering Better Policies Through Behavioural Insights: New Approaches*, OECD Publishing, Paris, https://dx.doi.org/10.1787/6c9291e2-en. [74]

OECD (2019), *Governance as an SDG Accelerator: Country Experiences and Tools*, OECD Publishing, Paris, https://dx.doi.org/10.1787/0666b085-en. [47]

OECD (2019), *How do we Make it Happen?: Implementing Public Sector Innovation*, Observatory of Public Sector Innovation, OECD, Paris. [72]

OECD (2019), *Recommendation of the Council on Public Service Leadership and Capability*, OECD, Paris, https://legalinstruments.oecd.org/en/instruments/OECD-LEGAL-0445. [9]

OECD (2019), *The Path to Becoming a Data-Driven Public Sector*, OECD Digital Government Studies, OECD Publishing, Paris, https://doi.org/10.1787/059814a7-en. [60]

OECD (2018), *Centre Stage 2: The organisation and functions of the centre of government in OECD countries*, OECD Centre of Government, OECD, Paris, https://www.oecd.org/gov/centre-stage-2.pdf. [32]

OECD (2018), *OECD Regulatory Enforcement and Inspections Toolkit*, OECD Publishing, Paris, https://dx.doi.org/10.1787/9789264303959-en. [63]

OECD (2018), *Open Government: Globaler Kontext und Perspektiven für offenes Regierungs- und Verwaltungshandeln*, OECD Publishing, Paris, https://doi.org/10.1787/9789264290655-de. [23]

OECD (2017), *Budget Transparency Toolkit*, OECD Publishing, Paris, https://doi.org/10.1787/9789264282070-en. [62]

OECD (2017), "Concept note – Towards Open Government Indicators: Framework for the Governance of Open Government (GOOG) index and the checklist for open government impact indictors", nicht veröffentlicht. [59]

OECD (2017), *Embracing Innovation in Government Global Trends*, OECD, Paris, https://www.oecd.org/gov/innovative-government/embracing-innovation-in-government.pdf. [75]

OECD (2017), *Fostering Innovation in the Public Sector*, OECD Publishing, Paris, https://dx.doi.org/10.1787/9789264270879-en. [73]

OECD (2017), *Skills for a High Performing Civil Service*, OECD Public Governance Reviews, OECD Publishing, Paris, https://doi.org/10.1787/9789264280724-en. [49]

OECD (2015), *Recommendation of the Council on Budgetary Governance*, OECD, Paris, https://legalinstruments.oecd.org/en/instruments/OECD-LEGAL-0410. [48]

OECD (2015), *Recommendation of the Council on Public Procurement*, OECD, Paris, https://legalinstruments.oecd.org/en/instruments/OECD-LEGAL-0411. [54]

OECD (2014), *Recommendation of the Council on Digital Government Strategies*, OECD, Paris, https://legalinstruments.oecd.org/en/instruments/OECD-LEGAL-0406. [31]

OECD (2014), *Regulatory Enforcement and Inspections*, OECD Best Practice Principles for Regulatory Policy, OECD Publishing, Paris, https://dx.doi.org/10.1787/9789264208117-en. [64]

OECD (2012), *Recommendation on Regulatory Policy and Governance,* OECD, Paris, https://legalinstruments.oecd.org/en/instruments/OECD-LEGAL-0390; deutsche Fassung: OECD (2012), *Empfehlung des Rates zu Regulierungspolitik und Governance*, OECD, Paris, https://doi.org/10.1787/9789264209053-de.

OECD (2012), *Recommendation of the Council on Principles for Public Governance of Public-Private Partnerships*, OECD, Paris, https://legalinstruments.oecd.org/en/instruments/OECD-LEGAL-0392. [82]

OECD (2007), *Linking Regions and Central Governments: Contracts for Regional Development*, OECD Publishing, Paris, https://doi.org/10.1787/9789264008755-en. [81]

OECD (o. J.), "OECD Digital Government Toolkit", https://www.oecd.org/governance/digital-government/toolkit/ (Abruf: 7. Oktober 2019). [58]

SIGMA (2017), *The Principles of Public Administration – 2017 edition,* http://www.sigmaweb.org/publications/principles-public-administration.htm (Abruf: 4. Oktober 2019). [5]

Vereinte Nationen (2018), *Principles of effective governance for sustainable development*, Wirtschafts- und Sozialrat, Official Records 2018, Supplement No. 24, E/2018/44-E/C.16/2018/8, para. 31, https://publicadministration.un.org/Portals/1/Images/CEPA/Principles_of_effective_governance_english.pdf. [6]

5 Belastbare Politikevaluierung

Dieses Kapitel befasst sich mit der Bedeutung von Politikevaluierung und liefert Werkzeuge und Strategien zu deren Erstellung nach hohen Qualitätsstandards. Im Unterschied zum Monitoring ist der Gegenstand von Evaluierungen die Analyse von Verknüpfungen zwischen ergriffenen Maßnahmen und deren Wirkungen. Evaluierungen können demnach die Qualität von Entscheidungsprozessen verbessern und passgenauen Rat bieten, um die Gestaltung und Umsetzung von Maßnahmen zu unterstützen. Doch die von der OECD gesammelten Belege deuten darauf hin, dass die Politikevaluierung ungeachtet der Bekenntnisse zu deren Bedeutung oft das schwächste Glied im Maßnahmenzyklus darstellt und die Länder immer noch vor großen Herausforderungen stehen, um Evaluierungen zu fördern. Im ersten Abschnitt des Kapitels geht es um Hilfestellung beim Aufbau eines institutionellen Rahmenwerks und darum, wie Qualität und Nutzung von Evaluierungen gefördert werden können. Der darauffolgende Abschnitt unterstreicht noch einmal die Notwendigkeit, die Auswirkungen von Regelungen zu überprüfen.

Die Evaluierung von Ergebnissen trägt zum besseren Verständnis bei, weshalb manche Maßnahmen funktionieren und andere nicht. Durch die Produktion, Verwendung und Förderung von Daten über Politikergebnisse tragen Evaluierungen zur Qualität von Entscheidungsfindungsprozessen bei (Kapitel 2) und bieten gezielte Hinweise zur Verbesserung der Politikgestaltung (Kapitel 3) und -umsetzung (Kapitel 4). Zusammen mit anderen Verfahren, wie der Berücksichtigung des Feedbacks von Adressat*innen und Mitarbeiter*innen bei der Maßnahmenumsetzung, ermöglicht die Politikevaluierung den strategischen Einsatz von **Feedbackmechanismen bei der Politikgestaltung, um deren Ergebnisse zu verbessern**. So werden Ergebnisse und Wirkungen von Maßnahmen mit Entscheidungen der politisch Verantwortlichen verknüpft (Lernaspekt) ebenso wie staatliche Stellen mit den Adressaten der Maßnahmen verbunden (stärkere Fokussierung auf den Aspekt der Rechenschaftspflicht).

Bei der Politikevaluierung handelt es sich um die strukturierte und objektive Bewertung einer laufenden oder abgeschlossenen Maßnahme bzw. Reforminitiative. Dabei werden u. a. die Relevanz und die Umsetzung von Zielen ermittelt sowie Effizienz, Wirksamkeit, längerfristige Wirkung und Nachhaltigkeit der Initiative bestimmt[1]. Wie in Kapitel 4 erläutert, ist das Monitoring von Maßnahmen im Wesentlichen ein deskriptives Instrument. In Abgrenzung dazu werden bei einer Evaluierung die Verknüpfungen zwischen Maßnahmen und ihren Effekten analysiert. Ziel ist ein besseres Verständnis der beobachteten Erfolge oder Misserfolge von Maßnahmen, und zwar sowohl als Zweck an sich als auch als Mittel zur Korrektur des jeweils eingeschlagenen Wegs und zur Verbesserung von Ergebnissen und Wirkungen ergriffener Maßnahmen.

Bei soliden Evaluierungssystemen gehören Evaluierungen zum Politikzyklus und werden gründlich und systematisch durchgeführt. Die Ergebnisse werden von den Entscheidungsträger*innen genutzt und die Öffentlichkeit kann leicht auf Informationen zugreifen (Lázaro, 2015[66]). Die Evaluierungsmethoden müssen dafür in der Phase der Politikformulierung und -gestaltung berücksichtigt werden und in ein Gesamtkonzept eingebettet werden, um sicherzustellen, dass die für eine effektive Evaluierung erforderlichen Informationen und Daten während der Umsetzungsphase gesammelt werden können. Politikevaluierung muss ferner in die Gestaltung der Strategien zur Erreichung der Nachhaltigkeitsziele (SDG) eingebunden werden (OECD, 2019[47]). Allerdings gibt es bisher in nur wenigen Ländern Mechanismen zur Evaluierung der bei der Umsetzung der Nachhaltigkeitsziele erreichten Fortschritte. Die systematische Einbeziehung von Evaluierungen in Bezug auf die Nachhaltigkeitsziele und die Agenda 2030 ist daher ein wichtiges Element auf der politischen Agenda all der Länder, die an der Gestaltung und Verwirklichung der Nachhaltigkeitsziele mitwirken.

In Anbetracht der allgemeinen Bedeutung und des Nutzens von Evaluierungen betonen mehrere OECD-Empfehlungen – z. B. über *Open Government* und *Public Integrity* –, wie wichtig es ist, sie durchzuführen. Im Einzelnen handelt es sich dabei um folgende Empfehlungen:

- Die *Recommendation on Regulatory Policy and Governance* (OECD, 2012[27]) [OECD/LEGAL/0390] ruft die Länder dazu auf, „den Bestand an wichtigen Regelungen unter Berücksichtigung von Kosten und Nutzen systematisch in Bezug auf klar definierte politische Ziele zu überprüfen, um sicherzustellen, dass die Regelungen auf dem neuesten Stand bleiben, dass ihre Kosten gerechtfertigt sind, dass sie kosteneffektiv und konsistent sind und dass sie die beabsichtigten politischen Ziele erreichen".
- Die *Recommendation on Budgetary Governance* (OECD, 2015[48]) [OECD/LEGAL/0410] empfiehlt den Ländern sicherzustellen, dass Ergebnisse, Evaluierung und das Kosten-Nutzen-Verhältnis wesentliche Bestandteile des Haushaltsprozesses sind. Zu diesem Zweck regt die Empfehlung die Länder dazu an, Ausgabenprogramme (einschließlich damit verbundener personeller Ressourcen sowie Steuervergünstigungen) objektiv und regelmäßig zu evaluieren und zu überprüfen, um die Mittelzuweisung und die Neufestlegung von Prioritäten sowohl innerhalb der Fachministerien als auch ressortübergreifend auf eine solide Basis zu stellen.

Dennoch ist die Politikevaluierung sehr häufig das schwächste Glied im Politikzyklus, und die Länder tun sich bei ihrer Förderung noch immer schwer (vgl. Abbildung 5.1).

Abbildung 5.1. Die aktuellen Herausforderungen der Länder bei der Förderung der Politikevaluierung

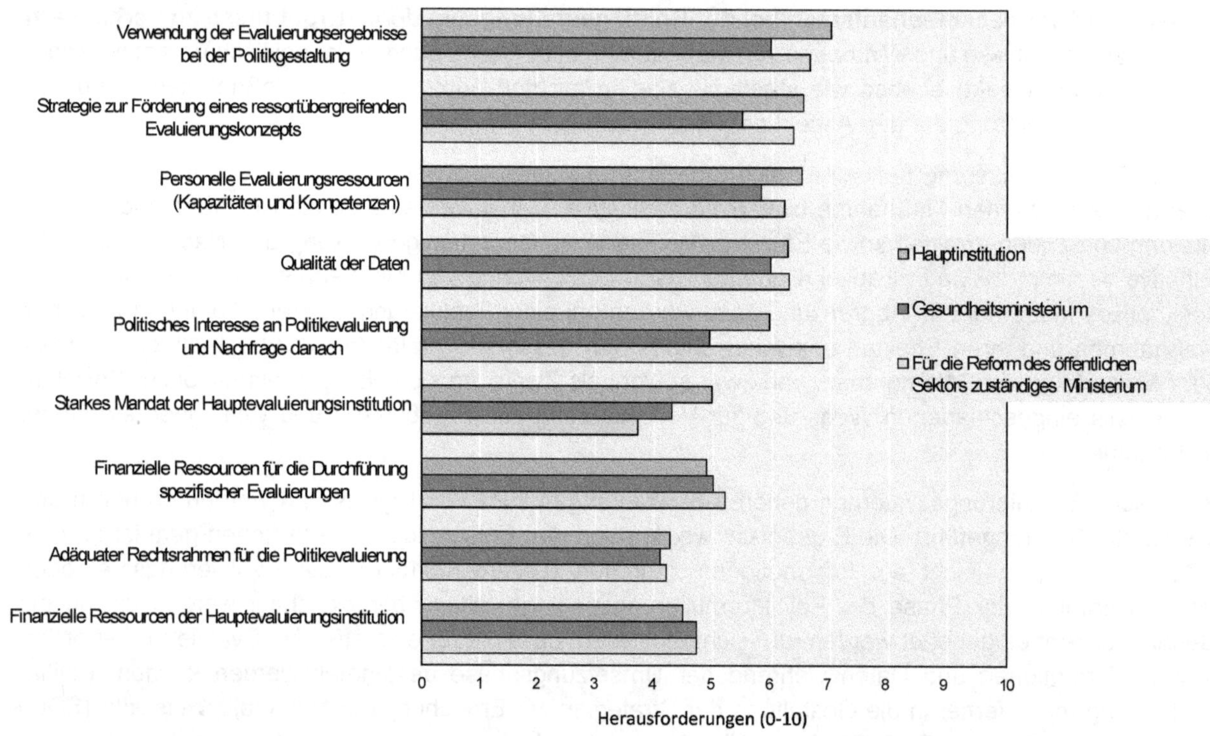

Anmerkung: Für die Hauptinstitution gilt n = 42 Länder (davon OECD-Mitgliedsländer: 35). Für die Gesundheitsministerien gilt n = 31 (davon OECD: 28). 9 Länder (davon OECD: 7) nahmen an diesem Survey nicht teil. Außerdem blieben 2 Länder (davon OECD: 1) unberücksichtigt, da sie angaben, dass keine der in den Zuständigkeitsbereich ihrer Institution fallenden Maßnahmen evaluiert wird. Für die für die Reform des öffentlichen Sektors zuständigen Ministerien gilt n = 25 (davon OECD: 20). 11 Länder (davon OECD: 10) nahmen an diesem Survey nicht teil. Außerdem blieben 6 Länder (davon OECD: 5) unberücksichtigt, da sie angaben, dass keine der in den Zuständigkeitsbereich ihrer Institution fallenden Maßnahmen evaluiert wird. Es wurden folgende Fragen, die der Hauptinstitution bzw. dem Gesundheits- und dem für die Reform des öffentlichen Sektors zuständigen Ministerium gestellt wurden, beantwortet: „Welche Herausforderungen stellen sich derzeit der Regierung im Hinblick auf die Förderung der Politikevaluierung?" und „Welche Herausforderungen stellen sich derzeit dem Fachministerium im Hinblick auf die Förderung der Politikevaluierung?" 0 bedeutet, dass es sich um eine „unerhebliche Herausforderung" handelt, 5 steht für „neutral" und 10 kennzeichnet eine „wesentliche Herausforderung".
Quelle: *OECD Survey on Policy Evaluation* (2018[67]).

Wie aus Abbildung 5.1 hervorgeht, stellt die Erarbeitung bzw. die Umsetzung einer Strategie zur Förderung eines verwaltungsebenen- und ressortübergreifenden Konzepts für die Politikevaluierung in vielen Ländern eine große Herausforderung dar. Eine derartige Strategie sollte im Idealfall zwei große Themen adressieren und entsprechende Empfehlungen geben:

- **Schaffung eines institutionellen Rahmens für die Politikevaluierung**, der u. a. 1. die Rechtsgrundlage zur Durchführung von Evaluierungen und 2. Hinweise auf Makroebene bietet, wann und wie Evaluierungen vorzunehmen sind, sowie 3. Angaben zu den institutionell zuständigen Akteuren enthält, die mit Mitteln ausgestattet sind, um Evaluierungen zu überwachen oder durchzuführen.
- Ressortübergreifende **Förderung der Qualität und der Nutzung von Evaluierungen**, u. a. durch den Aufbau personeller Kapazitäten, die Gewährleistung einer angemessenen Akteursbeteiligung usw.

Schaffung eines institutionellen Rahmens für Evaluierungen

In allen Bereichen der öffentlichen Governance bildet ein zweckdienlicher und angemessener institutioneller Rahmen ein solides Fundament, um Evaluierungen ressortübergreifend systematisch und systemisch in die Prozesse einzubetten. Allerdings gibt es auch in diesem Fall kein Patentrezept für die Gestaltung und Umsetzung entsprechender Rahmenwerke.

Tatsächlich bestehen zwischen den Ländern große Unterschiede bei der rechtlichen und politischen Verankerung von Evaluierungen. In manchen Ländern sind entsprechende Bestimmungen Teil der Verfassung. In anderen ist die Politikevaluierung im Primär- oder Sekundärrecht verankert, während wieder andere flexible Strukturen nutzen, die beispielsweise an bestimmte Reformstrategien des öffentlichen Sektors gekoppelt sind.

Tragfähige Evaluierungssysteme profitieren von klar festgelegten institutionellen Akteuren mit präzisem Mandat und eigenen Ressourcen zur Überwachung und/oder Durchführung von Evaluierungen. Auch hier sind Unterschiede zwischen den Ländern festzustellen. In einigen Ländern gibt es eine Stelle (bzw. einige wenige Stellen), die die Politikevaluierung ressortübergreifend fördert und/oder koordiniert. Eine nachhaltige Evaluierungskultur ist jedoch auch dann nicht unbedingt ausgeschlossen, wenn keine solche zentrale Stelle vorhanden ist.

Selbst wenn es eine klar definierte zentrale Koordinierungsstelle gibt, kann sie je nach Land ganz unterschiedlicher Natur sein:

- Manche Länder haben Abteilungen oder Stellen innerhalb ihres Regierungszentrums (Präsidialamt, Kabinettsbüro, Regierungsbüro oder Büro des Premierministers) geschaffen.
- Andere Länder haben unabhängige Stellen eingerichtet, die Evaluierungen verwaltungsebenen- und ressortübergreifend festlegen und koordinieren. Darüber hinaus können bestimmte Fachministerien bei der ressortübergreifenden Förderung und/oder Koordinierung der Politikevaluierung ebenfalls eine zentrale Rolle spielen.

Kasten 5.1. Policy on Results in Kanada

Die kanadische Regierung lancierte im Juli 2016 eine ergebnisorientierte Strategie (Policy on Results), mit der die in den einzelnen Ressorts erzielten Ergebnisse optimiert und ein besseres Verständnis der beabsichtigten und erzielten Ergebnisse sowie der dafür eingesetzten Ressourcen gefördert werden sollen.

Gemeinsam zuständig für die Evaluierungen sind das Privy Council Office und das Treasury Board. Diese Behörden sind für die Förderung der Nutzung von Evaluierungsergebnissen bei der Politikgestaltung bzw. die Festlegung und Aktualisierung der Evaluierungspolitik verantwortlich.

Vorgesehen ist, dass alle Ressorts über eine Evaluierungsstelle verfügen sollen. Die Fachministerien sind dabei für die Einrichtung eines Ergebnisrahmens (Departmental Results Framework) zuständig. Im Hinblick auf die Umsetzung der Policy on Results kann das Treasury Board of Canada verlangen, dass die Ressorts bestimmte Evaluierungen durchführen und an zentral geleiteten Evaluierungen teilnehmen; es kann Überprüfungen der Ressourcenausrichtung (Resource Alignment Reviews) vornehmen sowie den Departmental Results Framework der Fachministerien und etwaige Änderungen der Kernaufgaben ihrer Evaluierungsstellen billigen.

Quelle: Treasury board of Canada Secretariat (2016[68]), "Policy on Results", https://www.tbs-sct.gc.ca/pol/doc-eng.aspx?id=31300 (Abruf: 2. August 2019).

Der Gegenstand der Evaluierung kann auch Auswirkungen auf den erforderlichen institutionellen Rahmen haben. Während unabhängige Einrichtungen die beste Option sein können, um Ex-post-Evaluierungen einschneidender Regelungen mit erheblichen Folgen durchzuführen oder zu überwachen, sind die für die Umsetzung der evaluierten Maßnahmen zuständigen Fachministerien und Stellen für weniger heikle Evaluierungen u. U. eher geeignet (OECD, 2018[52]).

Die obersten Rechnungskontrollbehörden können durch ihre Prüfungen, Evaluierungen und Hinweise eine entscheidende Aufgabe beim Evaluierungsprozess übernehmen und die Regierungen im Hinblick auf den Einsatz öffentlicher Mittel zur Rechenschaft ziehen (vgl. Kasten 5.2 bezgl. einer beispielhaften Beschreibung der Rolle der obersten Rechnungskontrollbehörde Chiles für die Stärkung guter Regierungsführung). Neben der Evaluierung von Maßnahmen und Programmen auf der Grundlage der Ergebnisse oder des Kosten-Nutzen-Verhältnisses können die obersten Rechnungskontrollbehörden in der staatlichen Verwaltung als „Evaluierungsstelle der Evaluierungsstellen" fungieren, indem sie die Effektivität eines Evaluierungssystems und der dafür zuständigen Stellen prüfen.

Kasten 5.2. Rolle der obersten Rechnungskontrollbehörde Chiles für die Stärkung einer guten Regierungsführung

Die OECD führte 2014 eine Public Governance Review der obersten Rechnungskontrollbehörde Chiles durch. Der Bericht zeigt, dass Chiles oberste Rechnungskontrollbehörde (Contraloría General de la República de Chile bzw. CGR) eine Vorreiterrolle übernommen und ehrgeizige Initiativen zur Stärkung der Institutionen, zum Kapazitätsaufbau, zur Transparenzförderung und zur Bürgerbeteiligung ergriffen hat. Die CGR hat Instrumente zur strategischen Planung eingeführt, eine Personalumstrukturierung vorgenommen und sich zu einer vorbildlichen Institution in Bezug auf Transparenz im öffentlichen Sektor entwickelt.

Die CGR erkennt ihre Schlüsselrolle bei der Förderung guten Verwaltungs- und Regierungshandelns an. Sie hat das OECD-Review durchgeführt, um laufende Initiativen zu unterstützen, die positive Wirkung ihrer Arbeit auf die öffentliche Governance zu maximieren sowie Rechenschaftslegung und Qualität staatlicher Entscheidungsprozesse zu verbessern. Die CGR hat die Möglichkeit, ihren guten Ruf weiter zu festigen und sich selbst als Führungsinstanz zu positionieren, indem sie objektive und glaubwürdige Informationen bereitstellt, die für die Bewältigung der Herausforderungen im Bereich guter Regierungsführung allgemein als nützlich betrachtet werden. Das OECD-Review untersucht, wie die Prüfaufträge der CGR angepasst werden könnten, um den Einfluss der Institution auf die öffentliche Governance zu erhöhen, und wie das im Rahmen früherer und neuer Prüfaufträge gesammelte Wissen besser eingesetzt werden könnte, um den verschiedenen Akteur*innen einen Mehrwert zu bieten.

Quelle: OECD (2014[69]), *Chile's Supreme Audit Institutions: Enhancing Strategic Agility and Public Trust*, OECD Public Governance Reviews, OECD Publishing, Paris, https://dx.doi.org/10.1787/9789264207561-en.

Qualität und Nutzung von Evaluierungen fördern

Die Förderung von Evaluierungen im Politikzyklus erfordert mehr als das Abhaken des Punkts, wonach Evaluierungen erfolgt sind. Die systematische Erstellung von Evaluierungen ist eine notwendige, aber nicht hinreichende Bedingung, um die Qualität der öffentlichen Governance und Dienstleistungserbringung zu verbessern. Evaluierungen von unzureichender Qualität werden kaum zu einem besseren Lernprozess, einer stärkeren Rechenschaftspflicht, einer optimierten Entscheidungsfindung und Politikgestaltung oder zu besseren Ergebnissen für die Bürger*innen führen. Ebenso kann es sein, dass qualitativ hochwertige Evaluierungen aufgrund fehlender Anreize bei den eigentlichen Entscheidungen völlig ignoriert werden.

Auch wenn die Idee der Förderung einer Evaluierungskultur etwas ambitioniert klingen mag, so können doch konkrete Maßnahmen ergriffen werden, um die Relevanz und Nutzung von Evaluierungen zu stärken. Dazu gehören beispielsweise die Förderung von politischem Engagement und Akteursbeteiligung (vgl. Kapitel 1 und 2) wie auch die Unterstützung der Kompetenzentwicklung im Bereich Evaluierung. Zudem kann dem OECD-Bericht *The Path to Becoming a Data-Driven Public Sector* zufolge die Förderung einer Kultur der Datenorientierung im öffentlichen Sektor sehr wirksam sein, um die Qualität laufender Evaluierungen durch die Verwendung relevanter Daten zu erhöhen (OECD, 2019[60]). Daten im öffentlichen Sektor führen in der Tat zu einem Leistungsverständnis, das auf einen iterativen Planungsansatz ausgerichtet ist. Eine wachsende, mit Strategiezielen verknüpfte Datenmenge ermöglicht auf kurze Sicht nicht nur agile Anpassungen, sondern kann auf mittlere bis lange Sicht auch bessere Einblicke in den Politikprozess verschaffen. Die Politikverantwortlichen können so beurteilen, ob ihre Maßnahmen die beabsichtigte Wirkung erzielt haben. Wenn diese Daten im Open Data Format veröffentlicht werden, können auch andere Akteur*innen Bewertungen vornehmen. Politikevaluierung kann damit zu einem offenen, inklusiven und fortlaufenden Prozess werden.

Qualität ist ein wesentlicher Faktor, um die Belastbarkeit und die Validität von Evaluierungen zu gewährleisten. Sowohl Qualitätskontrolle (ergebnisorientiert) als auch Qualitätssicherung (prozessorientiert, d. h. das Richtige auf die richtige Art und Weise zu tun) sind in dieser Hinsicht unerlässlich. Aus diesem Grund empfiehlt die *OECD Recommendation on Budgetary Governance* (OECD, 2015[48]) [OECD/LEGAL/0410] z. B., dass die Länder die Verfügbarkeit von qualitativ hochwertigen (d. h. relevanten, konsistenten, umfassenden und vergleichbaren) Informationen zu Ergebnissen und Bewertungen sicherstellen, um evidenzbasierte Überprüfungen zu erleichtern.

Eine Analyse der im Rahmen des *OECD Survey on Policy Evaluation* erhobenen Daten zeigt, dass sich die Länder auf die Stärkung der Kompetenzen und Kapazitäten innerhalb des öffentlichen Sektors konzentrieren, um Evaluierungen durchzuführen oder in Auftrag zu geben, sowie auf die Förderung der Akteursbeteiligung, um sicherzustellen, dass Evaluierungen zielgenau und Empfehlungen für Verbesserungen konkret und adressatenorientiert sind (OECD, 2018[67]).

Wie aus Abbildung 5.1 ersichtlich, stellt die **Verwendung der Evaluierungsergebnisse bei der Politikgestaltung** eine große Herausforderung für die Länder dar.[2] Faktoren wie Gesamtqualität, Zeitplan und politisches Engagement im Evaluierungsprozess können den Nutzen (und damit auch die längerfristige Wirkung) von Evaluierungsempfehlungen erhöhen. Daher haben einige Länder spezifische Maßnahmen ergriffen, um den strategischen Einsatz von Evaluierungsergebnissen zu fördern. Den Ergebnissen des *OECD Survey on Policy Evaluation* zufolge fördern z. B. nahezu 50 % der Teilnehmerländer (60 %) den Einsatz von Evaluierungen, indem sie die Evaluierungsergebnisse bei der Haushaltsplanung berücksichtigen (OECD, 2018[67]). Dies steht im Einklang mit der *OECD Recommendation on Budgetary Governance* [OECD/LEGAL/0410], die empfiehlt, dass die Länder den Evaluierungsergebnissen Rechnung tragen sollten, um die Ausrichtung der Gesamtausgaben (einschließlich Steuervergünstigungen) auf die Haushaltsziele und die nationalen Prioritäten neu zu bewerten (OECD, 2015[48]). Mehr als ein Drittel der Teilnehmerländer unterstützt zudem Evaluierungen, indem die Ergebnisse auf höchster politischer Ebene (Ministerrat oder äquivalentes Organ) diskutiert werden. Etwa gleich viele Länder haben Koordinierungsplattformen eingerichtet, um die Verwendung von Evaluierungsdaten zu ermöglichen.

Kasten 5.3. Nationale Maßnahmen zur Förderung der Verwendung von Evaluierungsergebnissen bei der Politikgestaltung

Die Länder gehen laut ihren Antworten auf den *OECD Survey on Policy Evaluation* auf unterschiedliche Art und Weise vor, um die Verwendung von Evaluierungsergebnissen in der Politikgestaltung zu fördern:

- Norwegen hat auf einer gemeinsamen Plattform einen Webdienst (https://evalueringsportalen.no/) zur Erfassung der Ergebnisse aus Evaluierungen eingerichtet, die von der Zentralregierung durchgeführt werden. Durch die bessere Zugänglichkeit der Evaluierungsergebnisse zielt die Regierung darauf ab, die Nutzung und Wiederverwendung von Erkenntnissen und Ergebnissen aus Evaluierungen in allen staatlichen Politikbereichen, bei künftigen Evaluierungen und in der Gesamtgesellschaft zu erhöhen. Dies ist außerdem für die Legitimität und Transparenz staatlichen Handelns von Bedeutung.
- Die Vereinigten Staaten von Amerika haben einen Interagency Council on Evaluation Policy eingerichtet, dessen Vorsitz das Office on Management and Budget (OMB) und das Department of Labor gemeinsam innehaben. Der Council setzt sich aus etwa zehn hochqualifizierten Evaluierungsbeauftragten der Regierungsbehörden zusammen, die sich monatlich treffen, um über Evaluierungsergebnisse zu diskutieren.

Evaluierungsergebnisse werden in mehreren anderen Ländern zudem auf parlamentarischer Ebene diskutiert:

- In Deutschland erhält der Bundestag von der Bundesregierung jährlich rd. 80 Berichte über die Evaluation einzelner Strategien oder bestimmter Regelungen und Maßnahmen der Regierung. In den letzten fünf Jahren wurden Evaluierungsberichte vom Wissenschaftlichen Beirat der Bundesregierung Globale Umweltveränderungen sowie das Hauptgutachten Monopolkommission 2016 und die Evaluation des Altersgeldgesetzes herausgegeben.
- In Japan legt die Regierung dem Zweikammerparlament jedes Jahr einen Bericht über den Stand der Politikevaluierung und darüber vor, wie die Evaluierungsergebnisse in die Politikplanung und -gestaltung eingeflossen sind.

Quelle: OECD (2020[70]).

Regulierungsfolgen überprüfen

Die Bewertung von Rechtsvorschriften durch Ex-post-Evaluierungen ist von grundlegender Bedeutung, um sicherzustellen, dass die geltenden Vorschriften sowohl relevant als auch auf ihre Ziele ausgerichtet sind (OECD, 2017[1]). Nach der Umsetzung von Maßnahmen können unbeabsichtigte Folgen auftreten, die gegebenenfalls angegangen werden müssen. Es ist aber auch möglich, dass eine Regelung infolge des gesellschaftlichen oder des technischen Wandels hinfällig wird. Wenn keine Ex-post-Evaluierungen durchgeführt werden, tendieren Regulierungskosten und bürokratischer Aufwand nach und nach zu steigen. Dies geht zulasten der Unternehmen sowie der Bürger*innen (OECD, 2017[1]). Ex-post-Evaluierungen können daher Verbesserungsmöglichkeiten aufzeigen und als Instrument für die Regulierungsplanung dienen.

Der OECD-Ausschuss für Regulierungspolitik beschäftigt sich mit der Erarbeitung von Best-Practice-Grundsätzen für Ex-post-Evaluierungen, da es sich trotz ihrer Bedeutung für die Verbesserung der derzeitigen Regelungsbestände und die Ausgestaltung und Verwaltung neuer Regelungen noch immer um einen weniger entwickelten Bereich der Regulierungspolitik handelt.

Das geplante Dokument soll allgemeine Leitlinien für systemische Governance gemäß folgenden grundlegenden Prinzipien liefern:

- Regulierungsrahmen sollten Ex-post-Evaluierungen explizit und dauerhaft als festen Bestandteil des Regulierungszyklus beinhalten.
- Ein solides Ex-post-Evaluierungssystem sollte eine vollständige Erfassung des Regelungsbestands im Zeitverlauf sicherstellen, inklusive Qualitätskontrolle von Schlüsselevaluierungen und Monitoring der Systemabläufe.

Evaluierungen sollten eine evidenzbasierte Bewertung der Auswirkungen von Rechtsvorschriften im Hinblick auf ihren Zweck und ihre Ziele enthalten, Erkenntnisse festhalten und Empfehlungen zur Korrektur etwaiger Defizite liefern. Die Grundsätze werden mehrere Aspekte der öffentlichen Governance behandeln, u. a. Methodik, öffentliche Konsultation und Ablaufsteuerung, Kapazitätsaufbau und engagierter Einsatz der Führungsebenen für Evaluierungen.

Kernfragen

- Fördert Ihr aktueller Rechts- und Politikrahmen systematische Evaluierungen auf allen Verwaltungsebenen und in allen Ressorts? Sind die notwendigen Mechanismen vorhanden, um Ex-post-Evaluierungen von Rechtsvorschriften sicherzustellen?
- Wie wird verwaltungsebenen- und ressortübergreifend die Qualität von Evaluierungen gewährleistet? Gibt es spezifische Mechanismen dafür?
- Inwieweit werden die betroffenen Akteur*innen in den Prozess der Politikevaluierung einbezogen?
- In welchem Maß wird bei der Politikevaluierung Transparenz gewährleistet?
- Wie wird die Verwendung von Evaluierungsergebnissen gefördert? Fließen die Evaluierungsergebnisse in die Haushaltsdiskussionen ein? Wie werden ergebnisbezogene Informationen genutzt, um die Gestaltung und die Umsetzung von Maßnahmen und Dienstleistungen zu verbessern? Anders formuliert: Sind Feedbackmechanismen institutionalisiert, um die Wirkung der Evaluierung von Politikergebnissen zu optimieren und ihren Einfluss auf die Politikgestaltung nachhaltig zu sichern?
- Gewinnen Evaluierungen und Feedbackmechanismen im Kontext der Nachhaltigkeitsziele der Agenda 2030 an Bedeutung? Welche Maßnahmen wurden ergriffen, um die bei der Umsetzung dieser Agenda erzielten Fortschritte zu evaluieren und den Bürger*innen darüber Bericht zu erstatten?
- Gibt es Maßnahmen, um die Durchführung von Ex-post-Evaluierungen zu fördern?

Zusätzliche Ressourcen

OECD-Rechtsinstrumente:

- Recommendation of the Council on Regulatory Policy and Governance (2012) [OECD/LEGAL/0390], deutsche Fassung: Empfehlung des Rates zu Regulierungspolitik und Governance (2012)
- Recommendation of the Council on Budgetary Governance (2015) [OECD/LEGAL/0410]

Weitere einschlägige OECD-Ressourcen:

- Improving Governance with Policy Evaluation: Lessons From Country Experiences (2020)
- OECD Best Practice Principles for Regulatory Policy: Reviewing the Stock of Regulation

- OECD-Ausblick Regulierungspolitik 2018 (Auszugsweise Übersetzung) (2018)
- OECD Performance Budgeting Survey (2016)
- Supreme Audit Institutions and Good Governance (2016)
- OECD Framework for Regulatory Policy Evaluation (2014)

Literaturverzeichnis

Lázaro, B. (2015), *Comparative study on the institutionalisation of evaluation in Europe and Latin America*, Eurosocial, http://sia.eurosocial-ii.eu/files/docs/1456851768-E_15_ENfin.pdf. [66]

OECD (2020), *Improving Governance with Policy Evaluation: Lessons From Country Experiences*, OECD Public Governance Reviews, OECD Publishing, Paris, https://doi.org/10.1787/89b1577d-en. [70]

OECD (2019), *Governance as an SDG Accelerator: Country Experiences and Tools*, OECD Publishing, Paris, https://dx.doi.org/10.1787/0666b085-en. [47]

OECD (2019), *The Path to Becoming a Data-Driven Public Sector*, OECD Digital Government Studies, OECD Publishing, Paris, https://doi.org/10.1787/059814a7-en. [60]

OECD (2018), *OECD-Ausblick Regulierungspolitik 2018 (Auszugsweise Übersetzung)*, OECD Publishing, Paris, https://doi.org/10.1787/9789264307988-de. [52]

OECD (2018), *Open Government: Globaler Kontext und Perspektiven für offenes Regierungs- und Verwaltungshandeln*, OECD Publishing, Paris, https://doi.org/10.1787/9789264290655-de. [23]

OECD (2018), Survey on Policy Evaluation, OECD Paris. [67]

OECD (2017), *Government at a Glance 2017*, OECD Publishing, Paris, https://dx.doi.org/10.1787/gov_glance-2017-en. [1]

OECD (2015), *Recommendation of the Council on Budgetary Governance*, OECD, Paris, https://legalinstruments.oecd.org/en/instruments/OECD-LEGAL-0410. [48]

OECD (2014), *Chile's Supreme Audit Institution: Enhancing Strategic Agility and Public Trust*, OECD Public Governance Reviews, OECD Publishing, Paris, https://dx.doi.org/10.1787/9789264207561-en. [69]

OECD (2012), *Recommendation on Regulatory Policy and Governance,* OECD, Paris, https://legalinstruments.oecd.org/en/instruments/OECD-LEGAL-0390; deutsche Fassung: OECD (2012), *Empfehlung des Rates zu Regulierungspolitik und Governance*, OECD, Paris, https://doi.org/10.1787/9789264209053-de. [27]

Treasury Board of Canada Secretariat (2016), "Policy on Results", https://www.tbs-sct.gc.ca/pol/doc-eng.aspx?id=31300. [68]

Anmerkungen

[1] Diese Definition wurde aus dem Bericht *Open Government: Globaler Kontext und Perspektiven für offenes Regierungs- und Verwaltungshandeln* (OECD, 2018[23]) übernommen, dem das „OECD DAC Glossary" in *Guidelines for Project and Programme Evaluation* zugrunde liegt.

[2] Kapitel 2 dieses Eckpunktepapiers befasst sich mit allgemeineren Fragen in Bezug auf evidenzbasierte Politikgestaltung.

www.ingramcontent.com/pod-product-compliance
Lightning Source LLC
LaVergne TN
LVHW081410110826
845149LV00010B/1693

9789264663831